Frisch und exotisch!

GERICHTE AUS DEM WOK

INHALT

EINLEITUNG	4
VORSPEISEN & BEILAGEN	6
FLEISCH	56
GEFLÜGEL	106
FISCH & MEERESFRÜCHTE	156
GEMÜSE	206
REGISTER	254

EINLEITUNG

Brutzelnde Wok- und Pfannengerichte sind für die schnelle Küche bestens geeignet. Dabei werden die Zutaten kurz und scharf angebraten, also pfannengerührt. Bei dieser Garmethode wird alles stets in einer Pfanne oder einem Wok zubereitet. Dadurch lassen sich problemlos in kurzer Zeit nahrhafte und leckere Gerichte auf den Tisch bringen.

Diese fantastische Auswahl einzigartiger Wok- und Pfannengerichte enthält nicht nur köstliche Vorspeisen und Beilagen, sondern auch eine Vielzahl wundervoller Hauptgerichte, die meist innerhalb weniger Minuten zubereitet sind. Die Gerichte bieten Gelegenheit, die Geheimnisse der Wok-Kochkunst zu ergründen und selbst kreativ zu werden.

In diesem Buch finden sich leckere, abwechslungsreiche Rezepte aus verschiedenen Regionen für jeden Anlass und Gaumen. Beginnen Sie mit Appetitanregern, verlockenden Vorspeisen und Snacks – ideal um sie mit Freunden zu teilen. Sie haben die Wahl zwischen Klassikern wie Gebratenem Eierreis, Spareribs in süßsaurer Sauce und Hühnersuppe mit Nudeln. Mehr Abwechslung bieten Gerichte wie Gemüse-Tempura oder Schweinefleischbällchen in Zitronengras-Chili-Brühe.

Das Kapitel mit Fleischgerichten, die Ihnen das Wasser im Mund zusammenlaufen lassen, umfasst Rezepte wie Schweinefleisch süßsauer, Pikantes Sesam-Rindfleisch und Lamm mit Schwarzer-Bohnen-Sauce, oder auch ausgefallenere Kreationen wie Gebratenes Schweinefleisch à la Sichuan, Rindfleisch mit Ingwer & Paprika und Gebratenes Lamm mit Orangen.

Als weiteres Kapitel bietet dieses Buch eine Auswahl an verführerischen Geflügelgerichten. Sie eignen sich perfekt für unkomplizierte Familienessen. Beliebte, traditionelle Rezepte mit Hühnerfleisch sind Hähnchen Chow Mein, Gebratener Reis mit Huhn und Hähnchen süßsauer. Pute und Ente werden für tolle Wokgerichte wie Pikante Putenbruststreifen, Puten-Teriyaki oder Ente mit Mais & Ananas verwendet.

Gerichte mit Fisch und Meeresfrüchten bieten sich als schnelles Abendessen unter der Woche an. Gebratener Thunfisch auf Salatbett, Gebratene Jakobsmuscheln oder Garnelennudeln sind schnell und einfach zubereitet. Mit Gerichten wie Wolfsbarsch mit Gemüse, Tintenfisch mit Ingwerstreifen oder Scharfe Meeresfrüchtepfanne lassen sich Gäste nicht lange zu Tisch bitten, da all diese Gerichte ein geschmackliches Erlebnis versprechen.

Fleischlose Gerichte runden die Rezeptauswahl ab und bringen die unterschiedlichsten Gemüsesorten richtig zur Geltung. Süßsaurer Tofu mit Gemüse, Kürbisgemüse und Thailändischer Nudelsalat sind tolle vegetarische Alternativen zu Fleisch- und Fischgerichten.

Für pfannengerührte Gerichte ist die Zubereitung im Wok am besten geeignet, notfalls kann auch eine gusseiserne Pfanne benutzt werden. Woks bestehen üblicherweise aus Edelstahl oder Gusseisen und sind in verschiedenen Größen und mit unterschiedlichen Beschichtungen erhältlich. Ihre einzigartige Form zeichnet sich durch den runden Boden und die gewölbten Seiten aus, die während des Kochvorgangs ein kontinuierliches Rühren mit Pfannwender, Holzlöffel oder Essstäbchen ermöglichen. Woks bieten sich auch zum Frittieren und Dämpfen an.

Vor dem ersten Gebrauch müssen neue gusseiserne Woks eingebrannt werden, um die Rostbildung und das Festkleben von Speisen während des Kochens zu verhindern. Folgen Sie dabei den Angaben des Herstellers, um Ihren Wok richtig einzubrennen.

Beim Pfannenrühren werden die Zutaten bei hoher Hitze gebraten, sodass sie schnell und gleichmäßig gar werden, ohne viel von ihrer Farbe und den wertvollen Inhaltsstoffen einzubüßen. Da nur eine geringe Menge Öl benötigt wird, handelt es sich um eine sehr gesunde Art zu kochen.

Bereiten Sie alle Zutaten im Voraus zu und schneiden Sie sie in etwa gleich große Stücke, damit sie gleichmäßig garen. Messen Sie andere Zutaten wie Öl, Saucen und Gewürze vor dem Kochen ab.

Üblicherweise werden Woks vorgeheizt, anschließend wird das Öl hineingegeben und erhitzt, bis es zischend heiß ist. Erst dann werden die Zutaten portionsweise in den Wok gegeben. Dabei ist es sinnvoll, mit den Zutaten zu beginnen, die die längste Garzeit benötigen, und zum Schluss werden die mit der kürzesten Garzeit hinzugefügt.

VORSPEISEN & BEILAGEN

GEBRATENER EIERREIS

GARNELENHÄPPCHEN

FRÜHLINGSROLLEN MIT GEMÜSE

GEBRATENER REIS MIT RINDFLEISCH

SCHWEINEFLEISCH-GURKEN-SALAT

GEBRATENE BOHNENSPROSSEN

GRÜNE BOHNEN MIT ROTER PAPRIKA

WANTANS MIT KREBSFLEISCHFÜLLUNG

SPARERIBS IN SÜSSSAURER SAUCE

ZWEIFACH GEBRATENE SPARERIBS

ZUCCHINI SCHARFSAUER

LAMM MIT SATÉ-SAUCE

AUBERGINE MIT MISO

BROKKOLI MIT SESAM

PIKANTE GRÜNE BOHNEN

KNUSPRIGER „SEETANG"

GEMÜSE-TEMPURA

SCHWEINEBAUCH AUF CHINAKOHL

CHILIS MIT FISCH-INGWER-FÜLLUNG

GLASIERTE HÄHNCHENFLÜGEL NACH ASIATISCHER ART

SCHARFSAURER GEMÜSESALAT

SCHWEINEFLEISCHBÄLLCHEN IN ZITRONENGRAS-CHILI-BRÜHE

RIESENGARNELEN IN SCHARFER SAUCE

HACKFLEISCHSPIESSE MIT SÜSSER CHILISAUCE

FLEISCH-GEMÜSE-BRÜHE

JAPANISCHE RINDFLEISCHSUPPE

TOM-YUM-SUPPE SCHARFSAUER

HÜHNERSUPPE MIT NUDELN

Gebratener Eierreis

Für 4 Portionen Vorbereitung: 5 Min. Garzeit: 7 Min.

Zutaten

2 EL Pflanzen- oder Erdnussöl
350 g gekochter Reis, abgekühlt
1 Ei, gut verquirlt
Salz und Pfeffer

Zubereitung

1 Einen Wok auf mittlerer Stufe erhitzen und das Öl hineingießen. Den Reis zugeben und 1 Minute braten.

2 Mit einer Gabel den Reis so gut wie möglich in einzelne Körner zerteilen.

3 Rasch das Ei in den Wok geben und gut verrühren, damit möglichst jedes Reiskorn überzogen ist.

4 Weiterrühren, bis das Ei gar und der Reis so weit wie möglich in einzelne Körner zerfallen ist. Mit Salz und Pfeffer abschmecken. In Servierschalen füllen und sofort servieren.

Variation
Für mehr Farbe und Textur geröstete Mandelblättchen und gehackten Schnittlauch hinzufügen.

VORSPEISEN & BEILAGEN

Garnelenhäppchen

Ergibt: 16 Stück   Vorbereitung: 20 Min.   Garzeit: 15 Min.

Zutaten

100 g rohe Garnelen, ausgelöst und Darmfaden entfernt

2 Eiweiß

2 EL Speisestärke

½ TL Zucker

2 EL fein gehackte frische Korianderblätter

2 Scheiben angetrocknetes Toastbrot, Rinde entfernt

Pflanzen- oder Erdnussöl, zum Frittieren

1 Prise Salz

Zubereitung

1. Die Garnelen in einem Mörser zu einer Paste zerdrücken.

2. Die Garnelenpaste mit der Hälfte des Eiweiß und 1 Esslöffel Speisestärke verrühren. Zucker und Salz zugeben und den Koriander einarbeiten. Das restliche Eiweiß mit der restlichen Speisestärke glatt rühren.

3. Die Brotscheiben in je 8 Dreiecke schneiden. Die Oberseiten zuerst mit der Eiweiß-Stärke-Mischung und dann mit 1 Teelöffel Garnelenmasse bestreichen.

4. Ausreichend Öl zum Frittieren in einem großen Wok auf 180–190 °C erhitzen oder bis ein Brotwürfel darin in 30 Sekunden bräunt. Die Garnelenhäppchen mit der bestrichenen Seite nach unten etwa 2 Minuten frittieren. Wenden und weitere 2 Minuten frittieren, bis sie goldbraun sind.

5. Die Häppchen mit einem Schaumlöffel aus dem heißen Fett nehmen, auf Küchenpapier abtropfen lassen und warm servieren.

VORSPEISEN & BEILAGEN

Frühlingsrollen mit Gemüse

Ergibt: 10 Stück   Vorbereitung: 20–25 Min. plus Marinier- & Kühlzeit   Garzeit: 30 Min.

Zutaten

120 g fester Tofu

10 Frühlingsrollen-Hüllen (16 cm × 16 cm), Tiefkühlware aufgetaut

1 Eiweiß, leicht verquirlt

Erdnussöl, zum Frittieren und Einfetten

Süße Chilisauce, zum Dippen

Marinade

½ EL süße Chilisauce

1-cm-Stück Ingwerwurzel, gerieben

1 EL Sojasauce

Füllung

2 EL Erdnussöl

1 Karotte, längs halbiert und in dünnen Scheiben

1 frischer grüner Chili, entkernt und fein gehackt

3 Frühlingszwiebeln, fein gehackt

2 Knoblauchzehen, fein gehackt

50 g Shiitake-Pilze, harte Stiele entfernt und fein gehackt

50 g Bohnensprossen

Salz und Pfeffer

Zubereitung

1 Den Tofu in kleine Würfel schneiden. Die Zutaten für die Marinade vermischen, über den Tofu gießen und vermengen. 30 Minuten marinieren.

2 Für die Füllung einen Wok auf hoher Stufe vorheizen und das Öl darin sehr heiß werden lassen. Die Karotte zugeben und auf mittlerer Stufe 1 Minute braten. Chili, Frühlingszwiebeln und Knoblauch hinzufügen, 30 Sekunden braten, dann die Pilze zugeben und 1 Minute braten. Die Bohnensprossen zufügen und mit Salz und Pfeffer würzen. Den Tofu mit der Marinade zugeben und alles weitere 2 Minuten braten. Die Füllung in eine Schüssel geben und abkühlen lassen.

3 Einen gehäuften Teelöffel der Füllung auf das untere Drittel einer Frühlingsrollen-Hülle setzen, dabei je 3 cm breite Ränder lassen. Den unteren Rand über die Füllung schlagen und einmal einrollen. Die Seiten zur Mitte hin einschlagen und mit Eiweiß verschließen. Weiter einrollen, bis ein zylinderförmiges Päckchen von etwa 10 cm Länge entstanden ist. Mit Eiweiß verschließen.

4 Auf diese Weise weiterarbeiten, bis alle Hüllen gefüllt sind. Die Frühlingsrollen auf eine leicht eingefettete Platte legen.

5 Ausreichend Öl zum Frittieren in einem großen Wok auf 180–190 °C erhitzen oder bis ein Brotwürfel darin in 30 Sekunden bräunt.

VORSPEISEN & BEILAGEN

6 Mehrere Rollen gleichzeitig in den Wok geben und 4 Minuten frittieren, bis die Frühlingsrollen goldbraun sind, dabei gelegentlich wenden. Mit einem Schaumlöffel herausheben und auf Küchenpapier abtropfen lassen.

7 Das Öl wieder auf 180°C erhitzen, die Frühlingsrollen nochmals in den Wok geben und 1–2 Minuten frittieren, bis sie knusprig sind. Abtropfen lassen und mit Chilisauce servieren.

Gebratener Reis mit Rindfleisch

Für 6 Portionen   Vorbereitung: 10 Min.   Garzeit: 25–30 Min.

Zutaten

500 g Langkornreis
2 EL Erdnussöl
4 große Eier, leicht verquirlt
650 g Rinderhackfleisch
1 große Zwiebel, fein gehackt
2 Knoblauchzehen, fein gehackt
140 g Erbsen, Tiefkühlware aufgetaut
3 EL helle Sojasauce
1 TL Zucker
Salz

Zubereitung

1 Den Reis in einem großen Topf mit leicht gesalzenem Wasser 15 Minuten kochen, bis er weich ist. Abgießen, mit heißem Wasser abspülen und abkühlen lassen.

2 Einen Wok auf mittlerer Stufe erhitzen. Das Erdnussöl hineingießen, im Wok schwenken und heiß werden lassen. Die Eier hineingeben und unter Rühren 50–60 Sekunden braten, bis sie stocken. Herausnehmen, auf einen Teller legen und beiseitestellen.

3 Das Rindfleisch in den Wok geben, mit einem Holzlöffel zerdrücken und 4–5 Minuten pfannenrühren, bis es gleichmäßig gebräunt ist. Zwiebel, Knoblauch und Erbsen hinzufügen und 3–4 Minuten pfannenrühren.

4 Reis, Sojasauce, Zucker und Eier in den Wok geben und unter Rühren 1–2 Minuten braten, bis alles erhitzt ist. Sofort servieren.

VORSPEISEN & BEILAGEN

Schweinefleisch-Gurken-Salat

Für 4 Portionen   Vorbereitung: 25 Min. plus Marinierzeit   Garzeit: 30 Min.

Zutaten

500 g Schweinefilet

6 Frühlingszwiebeln, längs halbiert und in 3 Teile geschnitten

1 Salatgurke

4 Handvoll zerzupfte knackige Salatblätter

20 g frische Korianderblätter

10 g frische Minzeblätter

4 EL trocken geröstete Erdnüsse, gehackt

fein abgeriebene Schale von 1 Limette

1 TL Zucker

2 TL Sesamöl

1 EL Erdnussöl

1 Prise Salz

Marinade

2 kleine frische rote Chilis, entkernt und sehr fein gehackt

4 EL Zucker

3 EL thailändische Fischsauce

4 EL Limettensaft

4 EL Reisessig

Zubereitung

1 Das Fleisch von Sehnen und Fett befreien und diagonal in dünne Scheiben schneiden. Jede Scheibe längs halbieren und zusammen mit den Frühlingszwiebeln in eine Schüssel geben. Die Gurke schälen, längs halbieren und die Kerne entfernen. Die Gurke diagonal in dünne Scheiben schneiden und in eine Schüssel geben.

2 Für die Marinade die gehackten Chilis zusammen mit dem Zucker im Mörser zu einer dünnen Paste zerdrücken. Fischsauce, Limettensaft und Reisessig zugießen und sorgfältig verrühren, damit sich der Zucker gut auflöst. Die Marinade in einen Messbecher füllen. Die Hälfte der Marinade über Fleisch und Frühlingszwiebeln, die andere Hälfte über die Gurke gießen. Beides 1 Stunde marinieren, dann die Gurke abtropfen lassen und die Marinade aufbewahren.

3 Salat-, Koriander- und Minzeblätter in eine Schüssel geben und gut vermengen. Dann auf einzelnen Serviertellern anrichten. Die Gurkenscheiben darauf verteilen und die aufgefangene Marinade darübergeben.

4 Die Erdnüsse mit Limettenschale, Salz und Zucker vermengen.

5 Das Fleisch abtropfen lassen und die Marinade entsorgen. Einen Wok auf hoher Stufe erhitzen und die Öle hineingießen. Das Fleisch darin 5 Minuten pfannenrühren, bis es gar und leicht gebräunt ist. Die Fleischstücke auf dem Gurkensalat anrichten und mit der Nussmischung bestreuen. Sofort servieren.

VORSPEISEN & BEILAGEN

Gebratene Bohnensprossen

Für 4 Portionen   Vorbereitung: 5 Min.   Garzeit: 3 Min.

Zutaten

1 EL Pflanzen- oder Erdnussöl
225 g frische Bohnensprossen
2 EL fein gehackte Frühlingszwiebel
1 Prise Zucker
½ TL Salz

Zubereitung

1   Einen Wok auf mittlerer Stufe erhitzen und das Öl hineingießen. Bohnensprossen und Frühlingszwiebel 1 Minute darin pfannenrühren. Salz und Zucker dazugeben und gründlich rühren.

2   Den Wok vom Herd nehmen und die Bohnensprossen sofort servieren.

VORSPEISEN & BEILAGEN

Grüne Bohnen mit roter Paprika

Für 4–6 Portionen   Vorbereitung: 10 Min.   Garzeit: 3–4 Min.

Zutaten

300 g grüne Bohnen, in 6 cm langen Stücken

1 EL Pflanzen- oder Erdnussöl

1 rote Paprika, in feinen Streifen

1 Prise Zucker

1 Prise Salz

Zubereitung

1 Die Bohnen in einem großen Topf mit kochendem Wasser 10 Minuten garen. Abtropfen lassen und beiseitestellen.

2 Einen Wok auf starker Stufe vorheizen. Das Öl hineingießen und erhitzen. Die Bohnen darin bei starker Hitze 1 Minute pfannenrühren. Die Paprika zugeben und 1 weitere Minute pfannenrühren. Mit Salz und Zucker bestreuen und sofort servieren.

Wantans mit Krebsfleischfüllung

Ergibt: 20 Stück   Vorbereitung: 20 Min. plus Kühlzeit   Garzeit: 17 Min.

Zutaten

1 EL Pflanzen- oder Erdnussöl, plus Öl zum Frittieren

2,5-cm-Stück Ingwerwurzel, geschält und fein gehackt

¼ rote Paprika, fein gewürfelt

1 Handvoll frisch gehackter Koriander

150 g weißes Krebsfleisch aus der Dose, abgetropft

20 Wantan-Teigblätter

Wasser, zum Bestreichen

¼ TL Salz

Süße Chilisauce, zum Servieren

Zubereitung

1 1 Esslöffel Öl in einem vorgewärmten Wok erhitzen. Ingwer und Paprika darin bei starker Hitze 30 Sekunden unter Rühren anbraten. Den Koriander sorgfältig untermischen. Die Mischung abkühlen lassen. Salzen und das Krebsfleisch unterheben.

2 Die Teigblätter aus der Packung nehmen und unter einem Stück Frischhaltefolie bedeckt halten, damit sie nicht austrocknen. Ein Teigblatt auf eine Arbeitsfläche legen und den Rand mit Wasser befeuchten. 1 Teelöffel Krebsfleischmasse in die Mitte setzen. Das Teigblatt zu einem Dreieck zusammenklappen.

3 Die Teigränder zusammendrücken. Die Ecken der Teigdreiecke mit Wasser bestreichen und nach innen falten, sodass kleine Päckchen entstehen. Mit den restlichen Teigblättern ebenso verfahren.

4 Ausreichend Öl zum Frittieren in einem großen Wok auf 180–190 °C erhitzen oder bis ein Brotwürfel darin in 30 Sekunden bräunt. Die Wantans portionsweise ins heiße Öl geben und 45–60 Sekunden frittieren, bis sie knusprig und goldbraun sind.

5 Die Wantans mit einem Schaumlöffel herausnehmen, auf Küchenpapier abtropfen lassen und warm halten, bis alle Wantans fertig sind. Sofort mit der Chilisauce servieren.

VORSPEISEN & BEILAGEN

Spareribs in süßsaurer Sauce

Für 4 Portionen · Vorbereitung: 15 Min. plus Marinierzeit · Garzeit: 30 Min.

Zutaten

500 g Spareribs, in mundgerechte Stücke gehackt

Pflanzen- oder Erdnussöl, zum Frittieren, plus 1½ EL zum Pfannenrühren

1 grüne Paprika, gewürfelt

1 kleine Zwiebel, grob gehackt

1 kleine Karotte, in feinen Scheiben

½ TL fein gehackter Knoblauch

½ TL fein gehackte Ingwerwurzel

100 g Ananasstücke

Marinade

2 TL helle Sojasauce

½ TL Salz

1 Prise weißer Pfeffer

Sauce

3 EL weißer Reisessig

2 EL Zucker

1 TL helle Sojasauce

1 EL Tomatenketchup

Zubereitung

1 Für die Marinade alle Zutaten in einer Schüssel verrühren, das klein geschnittene Fleisch zugeben und mindestens 20 Minuten marinieren.

2 Ausreichend Öl zum Frittieren in einem großen Wok auf 180–190 °C erhitzen oder bis ein Brotwürfel darin in 30 Sekunden bräunt. Die Spareribs im heißen Öl 8 Minuten frittieren, abtropfen lassen und beiseitestellen.

3 Für die Sauce Essig, Zucker, Sojasauce und Ketchup verrühren. Beiseitestellen.

4 Einen weiteren Wok vorheizen. 1 Esslöffel Öl hineingießen und erhitzen. Paprika, Zwiebel und Karotte darin 2 Minuten unter Rühren braten. Herausnehmen und beiseitestellen. Den Wok mit Küchenpapier sauber auswischen.

5 Das restliche Öl im sauberen Wok erhitzen. Knoblauch und Ingwer darin schwenken, bis sie zu duften beginnen. Die Sauce unterrühren und zum Kochen bringen. Die Ananasstücke unterheben. Spareribs und Gemüse wieder in den Wok geben und alles noch einmal erhitzen. Sofort servieren.

VORSPEISEN & BEILAGEN

Zweifach gebratene Spareribs

Für 4–6 Portionen   Vorbereitung: 25 Min. plus Marinier- & Ruhezeit   Garzeit: 25 Min.

Zutaten

1 kg Spareribs, in 5 cm lange Stücke gehackt
Erdnussöl, zum Frittieren
Saft von 1 Limette
Limettenspalten und frische Korianderblätter, zum Garnieren

Marinade

3 EL flüssiger Honig
3 EL Reiswein oder trockener Sherry
1 EL Sojasauce
1 EL Reisessig oder Weißweinessig
4 EL Hoisin-Sauce
2,5-cm-Stück Ingwerwurzel, gerieben
½ TL Pfeffer
¼ TL Fünf-Gewürze-Pulver

Gewürztes Mehl

4 EL Weizenvollkornmehl
½ TL Pfeffer

Zubereitung

1 Für die Marinade alle Zutaten in einer flachen Schüssel vermischen. Das Fleisch hineingeben und vermengen, sodass es rundum von der Marinade überzogen ist. Die Schüssel abdecken und das Fleisch im Kühlschrank mindestens 4 Stunden, besser 24 Stunden marinieren. Dann aus dem Kühlschrank nehmen und auf Zimmertemperatur bringen, ehe es weiterverarbeitet wird.

2 Die Spareribs abtropfen lassen, die Marinade entsorgen. Das Fleisch in einer Schicht auf eine große Platte legen. Das Vollkornmehl mit dem Pfeffer in einer flachen Schüssel vermengen.

3 Ausreichend Öl zum Frittieren in einem großen Wok auf 180–190 °C erhitzen oder bis ein Brotwürfel darin in 30 Sekunden bräunt. Die Spareribs rundum mit dem gewürzten Mehl bestreuen. In zwei Portionen jeweils 3–4 Minuten frittieren, bis die Ränder gut gebräunt sind. Auf Küchenpapier abtropfen lassen.

4 Das Öl wieder auf 180 °C erhitzen. Alle Spareribs wieder in den Wok geben und weitere 3–4 Minuten frittieren, bis sie knusprig und an den Rändern bereits recht dunkel gebräunt sind. Erneut auf Küchenpapier abtropfen lassen.

5 Die Spareribs auf eine vorgewärmte Servierplatte legen. Den Limettensaft darübergießen, mit Limettenspalten und Korianderblättern garnieren und sofort servieren.

VORSPEISEN & BEILAGEN

Zucchini scharfsauer

Für 4 Portionen Vorbereitung: 15–20 Min. plus Ruhe- & Abtropfzeit Garzeit: 5 Min.

Zutaten

2 große Zucchini, in dünnen Scheiben
1 TL Salz
2 EL Erdnussöl
1 TL Sichuan-Pfeffer, zerstoßen
½–1 frischer roter Chili, entkernt und in feinen Streifen
1 große Knoblauchzehe, in feinen Scheiben
½ TL fein gehackte Ingwerwurzel
1 EL Reisessig
1 EL helle Sojasauce
2 TL Zucker
1 Frühlingszwiebel, in feinen Ringen
einige Tropfen Sesamöl, zum Beträufeln
1 TL Sesamsaat, zum Garnieren

Zubereitung

1. Die Zucchinischeiben in ein großes Sieb geben und mit dem Salz bestreuen. Mit einem Teller bedecken und mit einem Gewicht beschweren. Etwa 20 Minuten ziehen lassen. Dann das Salz abspülen und die Scheiben auf Küchenpapier trocknen.

2. Einen Wok auf starker Stufe vorheizen. Das Erdnussöl hineingießen und erhitzen. Sichuan-Pfeffer, Chili, Knoblauch und Ingwer dazugeben und etwa 20 Sekunden anbraten, bis der Knoblauch Farbe annimmt.

3. Die Zucchinischeiben dazugeben und im Öl schwenken. Reisessig, Sojasauce und Zucker hinzufügen und 2 Minuten pfannenrühren. Die Frühlingszwiebel unterheben und 30 Sekunden braten. Das Gericht mit etwas Sesamöl beträufeln und mit dem Sesam bestreuen. Sofort servieren.

VORSPEISEN & BEILAGEN

Lamm mit Saté-Sauce

Für 4 Portionen · Vorbereitung: 20 Min. plus Marinierzeit · Garzeit: 25 Min.

Zutaten

500 g Lammfilet

Marinade

1 EL milde Currypaste
150 ml Kokosmilch
2 Knoblauchzehen, zerdrückt
½ TL Chilipulver
½ TL gemahlener Kreuzkümmel

Saté-Sauce

1 EL Maiskeimöl
1 Zwiebel, gehackt
80 g grobe Erdnussbutter
1 TL Tomatenmark
1 TL frischer Limettensaft
100 ml kaltes Wasser

Zubereitung

1 Das Lammfleisch in Streifen schneiden und in eine Schüssel geben.

2 Für die Marinade Currypaste, Kokosmilch, Knoblauch, Chilipulver und Kreuzkümmel vermischen. Diese Mischung unter das Fleisch heben und abgedeckt 30 Minuten marinieren.

3 Den Backofengrill vorheizen. Für die Saté-Sauce einen Wok vorheizen. Das Öl hineingießen und erhitzen. Die Zwiebel darin 5 Minuten braten, dann die Hitze reduzieren und weitere 5 Minuten garen. Erdnussbutter, Tomatenmark, Limettensaft und Wasser in den Wok geben und alles gut verrühren. Vom Herd nehmen und beiseitestellen.

4 Die Lammfleischstreifen auf Holzspieße stecken. Die Marinade aufbewahren. Die Fleischspieße im Backofen 6–8 Minuten grillen, dabei einmal wenden.

5 Die zurückbehaltene Marinade zu den Zutaten in den Wok geben, aufkochen und 5 Minuten köcheln lassen. Die Saté-Sauce zu den Lammspießen reichen.

VORSPEISEN & BEILAGEN

Aubergine mit Miso

Für 4–6 Portionen　　Vorbereitung: 10–15 Min.　　Garzeit: 16–18 Min.

Zutaten

Erdnussöl, zum Frittieren

2 Auberginen, in mundgerechte Stücke geschnitten

1 frischer roter Chili, in Ringe geschnitten

2 EL Sake (japanischer Reiswein)

4 EL Mirin (japanische Würzsauce)

2 EL Shoyu (japanische Sojasauce)

3 EL kräftiges Miso (Hatcho miso)

2 EL Wasser

Zubereitung

1　Einen Wok auf hoher Stufe erhitzen. Etwas Öl hineingießen und stark erhitzen. Die Auberginen darin portionsweise jeweils 4 Minuten bräunen und garen. Bei Bedarf vor jeder Portion Öl nachgießen.

2　Wenn alle Auberginenstücke gebraten sind, die Chiliringe in den Wok geben und verrühren. Die restlichen Zutaten gut vermischen und über die Auberginen gießen. Die Sauce unter Rühren eindicken. Sofort heiß servieren.

Brokkoli mit Sesam

Für 4 Portionen   Vorbereitung: 15 Min.   Garzeit: 8–10 Min.

Zutaten

2 EL Pflanzenöl
2 Brokkoli, in Röschen
1 TL geröstete Sesamsaat

Sauce

2 EL Sojasauce
1 TL Speisestärke
1 EL Zucker
1 TL frisch geriebene Ingwerwurzel
1 Knoblauchzehe, zerdrückt
1 Prise scharfe Chiliflocken

Zubereitung

1. Einen großen Wok vorheizen. Das Öl hineingießen und stark erhitzen. Die Brokkoliröschen zugeben und 4–5 Minuten pfannenrühren.

2. Für die Sauce Sojasauce, Speisestärke, Zucker, Ingwer, Knoblauch und Chiliflocken in einer kleinen Schüssel verrühren. Die Mischung über den Brokkoli gießen. Die Hitze reduzieren und 2–3 Minuten unter Rühren eindicken.

3. Das Gemüse in eine vorgewärmte Schüssel geben, mit der Sesamsaat bestreuen und sofort servieren.

VORSPEISEN & BEILAGEN

Pikante grüne Bohnen

Für 4 Portionen Vorbereitung: 10 Min. Garzeit: 10 Min.

Zutaten

200 g grüne Bohnen
2 EL Pflanzen- oder Erdnussöl
4 getrocknete Chilis, in 2–3 Stücke geschnitten
½ TL Sichuan-Pfefferkörner
1 Knoblauchzehe, in dünne Scheiben geschnitten
6 dünne Scheiben Ingwerwurzel
2 Frühlingszwiebeln, in Ringe geschnitten
1 Prise Meersalz

Zubereitung

1 Die Bohnen in einem großen Topf mit kochendem Wasser 5 Minuten garen. Abtropfen lassen und beiseitestellen.

2 Einen Wok auf mittlerer Stufe erhitzen und 1 Esslöffel Öl hineingießen. Die Bohnen 5 Minuten darin braten, bis sie ganz leicht gebräunt sind. Aus dem Wok nehmen und beiseitestellen.

3 Das restliche Öl in den Wok gießen und Chilis und Pfefferkörner darin pfannenrühren, bis sich die Aromastoffe entfalten. Knoblauch, Ingwer und Frühlingszwiebeln dazugeben und pfannenrühren, bis sie weich werden. Die Bohnen zufügen, alles gut vermengen und durcherhitzen, dann das Meersalz darüberstreuen und sofort servieren.

Knuspriger „Seetang"

Für 4 Portionen Vorbereitung: 15 Min. plus Trockenzeit Garzeit: 15–20 Min.

Zutaten

250 g Grünkohlblätter
Erdnussöl, zum Frittieren
1 TL Zucker
½ TL Salz
4 EL Mandelblättchen, zum Garnieren

Zubereitung

1 Die harten Stiele von den Grünkohlblättern abschneiden und wegwerfen. Die Blätter waschen, gründlich abtropfen lassen und auf Küchenpapier zum Trocknen auslegen. Einige Blätter übereinanderstapeln und vorsichtig einrollen. Mit einem sehr scharfen Messer schräg in möglichst dünne Streifen schneiden. Den Vorgang mit den restlichen Blättern wiederholen. Die Streifen auf Küchenpapier ausbreiten und vollständig trocknen lassen.

2 Ausreichend Öl zum Frittieren in einem großen Wok auf 180–190 °C erhitzen oder bis ein Brotwürfel darin in 30 Sekunden bräunt. Den Wok vom Herd nehmen und die Hälfte der Grünkohlstreifen hineingeben. Den Wok wieder erhitzen und die Blattstreifen frittieren, bis sie an der Oberfläche schwimmen und knusprig sind. Mit einem Schaumlöffel aus dem Wok heben und auf Küchenpapier abtropfen lassen. Warm stellen, während die restlichen Blätter frittiert werden.

3 Die frittierten Blattstreifen in eine vorgewärmte Servierschüssel geben. Zucker und Salz vermengen und über den „Seetang" streuen. Einmal durchrühren, damit sich die Gewürze gut verteilen.

4 Die Mandelblättchen rasch in dem heißen Öl frittieren. Mit einem Schaumlöffel aus dem Wok heben und über den „Seetang" streuen. Heiß oder lauwarm servieren.

VORSPEISEN & BEILAGEN

Gemüse-Tempura

Für 4 Portionen   Vorbereitung: 20 Min.   Garzeit: 25–35 Min.

Zutaten

150 g Tempura-Mehl
4 Shiitake-Pilze
4 frische grüne Spargelstangen, geputzt
4 Scheiben Süßkartoffeln
1 rote Paprika, in Streifen geschnitten
4 Zwiebelscheiben, in Ringe geschnitten
Öl, zum Frittieren

Sauce

2 TL Mirin (japanische Würzsauce)
1 EL Shoyu (japanische Sojasauce)
1 Prise Dashi-Granulat, aufgelöst in 2 EL kochendem Wasser

Zubereitung

1 Für die Sauce die Zutaten in einer Schüssel verrühren.

2 Das Mehl nach Packungsangaben mit der entsprechenden Menge Wasser anrühren.

3 Die Gemüsestücke in den Teig tauchen.

4 Ausreichend Öl zum Frittieren in einem großen Wok auf 180–190 °C erhitzen oder bis ein Brotwürfel darin in 30 Sekunden bräunt. Einige Gemüsestücke aus dem Teig nehmen, in das heiße Fett geben und 2–3 Minuten frittieren, bis sie goldbraun sind.

5 Die Gemüsestücke mit einem Schaumlöffel herausnehmen und auf Küchenpapier abtropfen lassen. Warm halten, bis alle Gemüsestücke frittiert sind.

6 Das Gemüse-Tempura auf einer Servierplatte anrichten und sofort mit der Sauce servieren.

VORSPEISEN & BEILAGEN

Schweinebauch auf Chinakohl

Für 4–6 Portionen   Vorbereitung: 25–30 Min. plus Marinier- & Kühlzeit   Garzeit: 1 Std.

Zutaten

4 Streifen Schweinebauch (insgesamt 650 g)

2 EL Erdnussöl

6 EL Hühnerbrühe

1 dünne Scheibe Ingwerwurzel

½ Chinakohl, diagonal in Streifen geschnitten

6 Frühlingszwiebeln, diagonal in 4 cm große Stücke geschnitten

½ TL Zucker

Marinade

2 EL Zucker

2 EL chinesischer Reiswein oder trockener Sherry

1 EL Sojasauce

4-cm-Stück Ingwerwurzel, gerieben

¼ TL Fünf-Gewürze-Pulver

4 EL Hoisin-Sauce

Zubereitung

1 Mit der Spitze eines scharfen Messers den Rand des Fleisches in 1-cm-Abständen einkerben. Die Zutaten für die Marinade in einer Schüssel vermengen und das Fleisch hineinlegen. Die Marinade in die Einkerbungen reiben. Bei Zimmertemperatur 1 Stunde marinieren, dabei gelegentlich wenden.

2 Den Backofen auf 220 °C vorheizen. Ein kleines Backblech mit Alufolie auslegen und einen Gitterrost darauflegen. Das Fleisch daraufgeben und das Blech auf die oberste Schiene schieben. Die Marinade aufbewahren. Das Fleisch 15 Minuten grillen, dann die Temperatur auf 180 °C reduzieren. Wenden und mit der Marinade bestreichen. 20 Minuten garen, dann erneut wenden und mit Marinade bestreichen. Weitere 20 Minuten braten, bis das Fleisch gar ist. Aus dem Ofen nehmen und abkühlen lassen. Das Fleisch diagonal in 1 cm lange Stücke schneiden, in eine Schüssel geben und mit der restlichen Marinade mischen.

3 Einen Wok auf hoher Stufe erhitzen, dann 1 Esslöffel Öl hineingießen. Die Fleischstücke mit der Marinade zugeben und 2 Minuten pfannenrühren, bis die Marinade eingekocht ist und Blasen wirft. Die Brühe zugießen, dabei den Bratensatz vom Wokboden lösen. 2 Minuten garen, bis die Brühe eingekocht ist. Das Fleisch aus dem Wok nehmen und warm stellen. Den Wok mit Küchenpapier auswischen.

VORSPEISEN & BEILAGEN

4 Den Wok auf hoher Stufe erhitzen und das restliche Öl hineingießen. Den Ingwer zugeben und einige Sekunden pfannenrühren. Chinakohl, Frühlingszwiebeln und Zucker hinzufügen und 1 Minute weiterrühren, bis das Gemüse fast gar, aber nicht gebräunt ist.

5 Das Gemüse auf vorgewärmte Teller verteilen. Die Fleischstreifen mit dem ausgetretenen Fleischsaft darauf anrichten und servieren.

Chilis mit Fisch-Ingwer-Füllung

Für 4–6 Portionen   Vorbereitung: 20 Min. plus Marinierzeit   Garzeit: 30 Min.

Zutaten

250 g Weißfischfilet, sehr fein gehackt

2 EL leicht verquirltes Ei

je 4–6 milde rote und grüne Chilis

Pflanzen- oder Erdnussöl, zum Frittieren

2 Knoblauchzehen, fein gehackt

½ TL eingelegte schwarze Bohnen, abgespült und leicht zerdrückt

1 EL helle Sojasauce

1 Prise Zucker

1 EL Wasser

Marinade

1 TL fein gehackte Ingwerwurzel

1 Prise Salz

1 Prise weißer Pfeffer

½ TL Pflanzen- oder Erdnussöl

Zubereitung

1 Für die Marinade alle Zutaten in einer Schüssel verrühren und den Fisch darin 20 Minuten marinieren. Das Ei zufügen und alles von Hand zu einer glatten Paste verarbeiten.

2 Die Chilis längs halbieren, entkernen und in mundgerechte Stücke schneiden. Die Chilistücke jeweils mit etwa ½ Teelöffel Fischpaste füllen.

3 Einen Wok vorheizen. Reichlich Öl hineingießen und erhitzen. Die Chilis darin rundum goldbraun frittieren. Abtropfen lassen und beiseitestellen. Den Wok mit Küchenpapier sauber auswischen.

4 Den sauberen Wok erneut vorheizen. 1 Esslöffel Öl hineingießen und erhitzen. Den Knoblauch darin schwenken, bis er zu duften beginnt. Die Bohnen einrühren, dann Sojasauce und Zucker zufügen. Die Chilistücke in den Wok geben und das Wasser zugießen. Abgedeckt bei schwacher Hitze 5 Minuten köcheln lassen. Sofort servieren.

Glasierte Hähnchenflügel nach asiatischer Art

Für 4–6 Portionen Vorbereitung: 20 Min. plus Marinierzeit Garzeit: 15 Min.

Zutaten

8 Hähnchenflügel, in je 3 Teile zerteilt
5 EL Erdnussöl
6 EL Hühnerbrühe
2 EL frisch gehackter Koriander, zum Garnieren

Marinade

1½ EL chinesischer Reiswein oder trockener Sherry
1 EL Sojasauce
1 EL Reisessig
1½ EL Zucker
1 große Prise Fünf-Gewürze-Pulver
3 EL Hoisin-Sauce
1 TL fein gehackte Ingwerwurzel

Zubereitung

1 Für die Marinade Wein, Sojasauce und Essig in einer kleinen Schüssel vermischen. Zucker und Fünf-Gewürze-Pulver zugeben und sorgfältig verrühren, bis alles aufgelöst ist. Zuletzt Hoisin-Sauce und Ingwer einrühren.

2 Die Hähnchenflügelstücke in eine flache Schüssel legen und die Marinade darüberträufeln. Das Fleisch wenden, bis es rundum überzogen ist. 1 Stunde bei Zimmertemperatur oder über Nacht im Kühlschrank marinieren.

3 Einen Wok auf hoher Stufe erhitzen und das Öl hineingießen. Kurz vor dem Rauchpunkt die Hähnchenflügel samt Marinade hineingeben und 5 Minuten pfannenrühren. Dann mit 4 Esslöffeln Brühe begießen und weitere 4 Minuten braten, bis das Fleisch zart ist und klarer Fleischsaft austritt, wenn man an der dicksten Stelle einen Bratspieß einsticht.

4 Die Hähnchenflügel mit einer Zange aus dem Wok nehmen, auf vorgewärmten Tellern anrichten und mit dem Koriander garnieren. Das meiste Öl aus dem Wok abgießen und entsorgen, den Rest wieder erhitzen. Die 2 restlichen Esslöffel Brühe hinzufügen und mit einem Holzlöffel umrühren, um den Bratsatz vom Wokboden zu lösen und alles gut zu vermischen. In eine kleine Schüssel gießen und als Dip zu den Hähnchenflügeln servieren.

VORSPEISEN & BEILAGEN

Scharfsaurer Gemüsesalat

Für 4 Portionen   Vorbereitung: 15–20 Min.   Garzeit: 4–6 Min.

Zutaten

2 EL Pflanzen- oder Erdnussöl

1 EL Chiliöl

1 Zwiebel, in Ringe geschnitten

2,5-cm-Stück Ingwerwurzel, gerieben

1 kleiner Brokkoli, in Röschen zerteilt

2 Karotten, in feine Stifte geschnitten

1 rote Paprika, gewürfelt

1 gelbe Paprika, in feine Streifen geschnitten

60 g Zuckererbsen, halbiert

60 g Babymaiskolben, halbiert

Dressing

2 EL Pflanzen- oder Erdnussöl

1 TL Chiliöl

1 EL Reisessig

Saft von 1 Limette

½ TL thailändische Fischsauce

Zubereitung

1 Einen Wok auf mittlerer bis starker Stufe vorheizen, dann beide Ölsorten hineingießen und erhitzen. Zwiebel und Ingwer darin 1–2 Minuten pfannenrühren, bis sie glasig sind. Alle Gemüsesorten zugeben und 2–3 Minuten unter Rühren bissfest braten. Vom Herd nehmen und beiseitestellen.

2 Die Dressingzutaten in einer Schüssel verrühren. Das Gemüse auf eine Servierplatte geben und mit dem Dressing beträufeln. Entweder sofort warm servieren oder erst abkühlen lassen, damit sich die Aromen optimal entfalten können.

VORSPEISEN & BEILAGEN

Schweinefleischbällchen in Zitronengras-Chili-Brühe

Für 4 Portionen   Vorbereitung: 25–30 Min. plus Kühl- & Ruhezeit   Garzeit: 25–30 Min.

Zutaten

1,2 l Hühnerbrühe

¼ –½ frischer roter Chili, entkernt und in sehr dünnen Ringen

½ TL Palmzucker

3 frische Thymianzweige

2 Zitronengrasstängel, die faserigen äußeren Blätter entfernt und flach geklopft

¼ TL Pfeffer

1 kleiner Pak Choi, Stiele in kleine Würfel, Blätter in Streifen

1 Frühlingszwiebel, diagonal in Ringen

1 Spritzer Sojasauce

Salz und Pfeffer

Limettenspalten, zum Garnieren

Schweinefleischbällchen

250 g Schweinehackfleisch

1 Schalotte, gerieben

2-cm-Stück Ingwerwurzel, gerieben

1 Knoblauchzehe, zerdrückt

fein abgeriebene Schale und Saft von ½ Limette

6 EL Erdnussöl

Zubereitung

1 Die Hühnerbrühe in einen mittelgroßen Wok oder Topf gießen. Chili, Zucker, Thymian, Zitronengras und Pfeffer zufügen, salzen und zum Kochen bringen. Die Hitze reduzieren und alles 10 Minuten köcheln lassen. Vom Herd nehmen und 30 Minuten abkühlen lassen.

2 Für die Fleischbällchen das Schweinehackfleisch mit Schalotte, Ingwer, Knoblauch, Limettenschale und -saft mischen und mit Salz und Pfeffer würzen. Alles mit einer Gabel gut durchmischen.

3 Eine Platte mit Küchenpapier auslegen. Aus der Mischung 16–20 walnussgroße Bällchen formen, auf die vorbereitete Platte legen und 30 Minuten ruhen lassen.

4 Einen großen Wok auf hoher Stufe erhitzen. Das Öl hineingießen und sehr heiß werden lassen. Die Fleischbällchen zugeben und 5–6 Minuten braten, bis sie rundherum goldbraun und gar sind. Auf Küchenpapier abtropfen lassen und warm stellen.

5 Thymian und Zitronengras aus der Brühe nehmen. Pak Choi und Frühlingszwiebel hinzufügen, kurz aufkochen und 2 Minuten köcheln lassen, bis die Pak-Choi-Stiele zart sind. Mit einem Spritzer Sojasauce würzen.

6 Die Fleischbällchen auf vorgewärmte Suppenschalen verteilen. Brühe und Gemüse darübergießen, mit Limettenspalten garnieren und sofort servieren.

VORSPEISEN & BEILAGEN

Riesengarnelen in scharfer Sauce

Für 4 Portionen   Vorbereitung: 10 Min.   Garzeit: 10 Min.

Zutaten

3 EL Pflanzen- oder Erdnussöl
450 g rohe Riesengarnelen, ungeschält
2 TL fein gehackte Ingwerwurzel
1 TL fein gehackter Knoblauch
1 EL gehackte Frühlingszwiebel
2 EL Chili-Bohnen-Sauce
1 TL chinesischer Reiswein
1 TL Zucker
½ TL helle Sojasauce
½ EL Hühnerbrühe

Zubereitung

1 Einen Wok auf hoher Stufe erhitzen und das Öl hineingießen. Die Riesengarnelen hineingeben und 4 Minuten pfannenrühren, bis sie sich rosa färben und einrollen. Die Garnelen aus dem Öl an den Rand des Woks schieben, dann Ingwer und Knoblauch zufügen und braten, bis sich die Aromastoffe entfalten. Frühlingszwiebel und Chili-Bohnen-Sauce dazugeben und die Garnelen in die Mischung einrühren.

2 Die Hitze etwas reduzieren, dann Reiswein, Zucker, helle Sojasauce und Hühnerbrühe in den Wok geben. Abdecken und alles 1 weitere Minute köcheln lassen, bis die Garnelen gar sind. Sofort servieren.

VORSPEISEN & BEILAGEN

Hackfleischspieße mit süßer Chilisauce

Ergibt: 8 Stück   Vorbereitung: 20 Min. plus Ruhezeit   Garzeit: 6–8 Min.

Zutaten

1 große Zwiebel, gehackt

2 Knoblauchzehen, zerdrückt

500 g Schweinehackfleisch

1 TL Salz

2 EL süße Chilisauce, plus etwas mehr zum Dippen

1 Handvoll frischer Koriander, gehackt, plus einige Blätter zum Garnieren (nach Belieben)

1 Ei

gebratener Reis, zum Servieren

Zubereitung

1 Alle Zutaten (außer den Reis) in den Mixer geben und zu einer festen Masse verarbeiten.

2 Die Fleischmasse in acht Portionen teilen. Mit feuchten Händen eine Portion gleichmäßig um einen flachen Metallspieß formen. Auf dieselbe Weise insgesamt acht Spieße vorbereiten und dann abgedeckt mindestens 1 Stunde im Kühlschrank ruhen lassen.

3 Die Spieße entweder in einer heißen Grillpfanne bei mittlerer Hitze oder auf mittlerer Schiene unter dem vorgeheizten Backofengrill 5–6 Minuten rundum bräunen und garen. Dabei gelegentlich wenden. Die Spieße auf einem Bett aus gebratenem Reis anrichten und nach Belieben mit frischen Korianderblättern garniert sofort servieren. Dazu süße Chilisauce zum Dippen reichen.

Fleisch-Gemüse-Brühe

Für 4 Portionen   Vorbereitung: 15 Min.   Garzeit: 45 Min.

Zutaten

1 EL Chiliöl

1 Knoblauchzehe, gehackt

3 Frühlingszwiebeln, in Ringe geschnitten

1 rote Paprika, in dünne Streifen geschnitten

2 EL Speisestärke

1 l Gemüsebrühe

1 EL Sojasauce

2 EL Reiswein oder trockener Sherry

150 g Schweinefilet, in Scheiben geschnitten

1 EL fein gehacktes Zitronengras

1 kleiner frischer roter Chili, entkernt und fein gehackt

1 EL frisch geriebene Ingwerwurzel

120 g feine Eiernudeln

200 g Wasserkastanien aus der Dose, abgetropft und in Scheiben geschnitten

Salz und Pfeffer

Zubereitung

1 Einen großen Wok auf hoher Stufe erhitzen und das Öl hineingießen. Knoblauch und Frühlingszwiebeln zufügen und 3 Minuten pfannenrühren, bis sie weich werden. Die Paprika zugeben und 5 Minuten braten.

2 Die Speisestärke in einer Schüssel mit etwas Gemüsebrühe zu einer weichen Paste verrühren. Die Stärkemischung in den Wok geben und alles unter ständigem Rühren 2 Minuten kochen. Restliche Gemüsebrühe, Sojasauce und Reiswein zugießen, dann Schweinefleisch, Zitronengras, Chili und Ingwer hineingeben. Mit Salz und Pfeffer würzen. Zum Kochen bringen, dann die Hitze reduzieren und alles 25 Minuten köcheln lassen, bis das Schweinefleisch gar ist.

3 Die Nudeln in einem großen Topf mit leicht gesalzenem Wasser 3–4 Minuten oder nach Packungsangabe kochen, bis sie weich sind. Vom Herd nehmen und abtropfen lassen. Dann die Nudeln zusammen mit den Wasserkastanien in die Suppe geben. 2 Minuten kochen, vom Herd nehmen und in vorgewärmte Suppenschalen füllen.

VORSPEISEN & BEILAGEN

Japanische Rindfleischsuppe

Für 4 Portionen   Vorbereitung: 15–20 Min.   Garzeit: 13–15 Min.

Zutaten

120 g getrocknete Udon- oder Soba-Nudeln

2 EL dunkle Misopaste

600 ml Gemüsebrühe

1 EL Mirin (japanische Würzsauce)

80 g Babymaiskolben, diagonal halbiert

80 g kleine Champignons, halbiert

80 g Bohnensprossen

40 g Babyspinat

1 EL Sonnenblumen- oder Erdnussöl

300 g Rumpsteak, in mundgerechte Stücke geschnitten

1 kleiner frischer roter Chili, in sehr feine Ringe geschnitten

Zubereitung

1 Die Nudeln in leicht gesalzenem Wasser 3–4 Minuten oder nach Packungsangabe kochen, bis sie gar sind. Abtropfen lassen.

2 Die Misopaste mit etwas Gemüsebrühe anrühren. Die restliche Brühe in einem Topf erhitzen. Mirin, Mais und Champignons hinzufügen und 3 Minuten köcheln lassen. Die Bohnensprossen dazugeben und alles 1 weitere Minute köcheln lassen. Den Topf vom Herd nehmen und das angerührte Miso hineingeben. Den Spinat zugeben, den Deckel aufsetzen und die Suppe beiseitestellen.

3 Einen Wok auf sehr hoher Stufe erhitzen. Das Öl zugießen und die Steakstücke zusammen mit dem Chili 1–2 Minuten braten, bis das Fleisch gebräunt ist. Den Wok vom Herd nehmen.

4 Kochendes Wasser über die Nudeln gießen, um sie wieder zu erwärmen, dann abtropfen lassen. Die Nudeln auf vorgewärmte Schalen verteilen. Die Miso-Gemüse-Suppe über die Nudeln geben, das gebratene Rindfleisch darauf verteilen und sofort servieren.

VORSPEISEN & BEILAGEN

Tom-Yum-Suppe scharfsauer

Für 4 Portionen   Vorbereitung: 15 Min. plus Ziehzeit   Garzeit: 40–50 Min.

Zutaten

2 frische rote Chilis, entkernt und grob gehackt

6 EL Reisessig

1,2 l Gemüsebrühe

2 Zitronengrasstängel, längs halbiert

4 EL Sojasauce

1 EL Palmzucker

Saft von ½ Limette

2 EL Pflanzen- oder Erdnussöl

250 g fester Tofu, in 1 cm große Würfel geschnitten

400 g Strohpilze aus der Dose, abgetropft

4 Frühlingszwiebeln, gehackt

1 kleiner Pak Choi, in Streifen geschnitten

Zubereitung

1 Chilis und Essig in einer nicht metallenen Schüssel mischen und abgedeckt bei Zimmertemperatur 1 Stunde ziehen lassen.

2 Währenddessen die Brühe in einem Topf zum Kochen bringen. Zitronengras, Sojasauce, Zucker und Limettensaft zufügen. Die Hitze reduzieren und 20–30 Minuten köcheln lassen.

3 Das Öl in einem vorgewärmten Wok erhitzen. Die Tofuwürfel darin bei starker Hitze 2–3 Minuten unter Rühren rundum anbräunen. (Je nach Größe des Woks eventuell in zwei Portionen braten.) Die Tofuwürfel mit einem Schaumlöffel herausnehmen und auf Küchenpapier abtropfen lassen.

4 Chilis samt Essig, Tofu, Pilzen und der Hälfte der Frühlingszwiebeln in die Brühe geben und 10 Minuten garen.

5 Die restlichen Frühlingszwiebeln mit dem Pak Choi mischen.

6 Frühlingszwiebeln und Pak Choi über die Suppe streuen und sofort servieren.

VORSPEISEN & BEILAGEN

Hühnersuppe mit Nudeln

Für 4 Portionen   Vorbereitung: 15 Min.   Garzeit: 25–30 Min.

Zutaten

1 EL Maiskeimöl

4 Hähnchenoberschenkel ohne Haut und Knochen, gewürfelt

1 Bund Frühlingszwiebeln, in Ringen

2 Knoblauchzehen, gehackt

2-cm-Stück Ingwerwurzel, fein gehackt

850 ml Hühnerbrühe

175 ml Kokosmilch

3 TL rote Thai-Currypaste

3 EL Erdnussbutter

2 EL helle Sojasauce

1 kleine rote Paprika, gehackt

50 g tiefgefrorene Erbsen

250 g Eiernudeln

Salz und Pfeffer

Zubereitung

1 Einen Wok auf mittlerer Stufe erhitzen und das Öl hineingießen. Das Hähnchenfleisch zugeben und 5 Minuten pfannenrühren, bis es zu bräunen beginnt. Frühlingszwiebeln, Knoblauch und Ingwer hinzufügen und 2 Minuten braten.

2 Hühnerbrühe, Kokosmilch, Currypaste, Erdnussbutter und Sojasauce in den Wok geben. Mit Salz und Pfeffer abschmecken. Unter ständigem Rühren aufkochen und 8 Minuten köcheln lassen, bis das Hähnchenfleisch gar ist, dabei gelegentlich umrühren. Paprika und Erbsen zufügen und alles weitere 2 Minuten garen.

3 Die Nudeln in einem Topf mit Salzwasser 3–4 Minuten oder nach Packungsangabe kochen, bis sie gar sind. Die Nudeln abtropfen lassen, in den Wok geben und kurz aufkochen. Die Suppe auf Suppenschalen verteilen und sofort servieren.

Variation

Reisnudeln sind eine gesunde Alternative zu Eiernudeln auf Weizenbasis. Das gilt besonders für alle, die sich glutenfrei ernähren müssen.

FLEISCH

SCHWEINEFLEISCH MIT KNOBLAUCHNUDELN

SCHWEINEFLEISCH SÜSSSAUER

GEBRATENES RINDFLEISCH MIT PAK CHOI

LAMM MIT LIMETTENBLÄTTERN

SCHWEINEFLEISCH À LA SICHUAN MIT AUBERGINEN

PIKANTES SESAM-RINDFLEISCH

GEBRATENES SCHWEINEFLEISCH À LA SICHUAN

MARINIERTES RINDFLEISCH MIT GEMÜSE

RINDFLEISCH IN SCHWARZER-BOHNEN-SAUCE

SCHWEINEFLEISCH MIT LIMETTEN & CASHEWKERNEN

GEBRATENES LAMM MIT PORREE

RINDFLEISCH MIT PFEFFER & LIMETTE

RINDFLEISCH & PAK CHOI AUS DEM WOK

LAMMPFANNE MIT NUDELN & ERDNÜSSEN

RINDFLEISCH MIT INGWER & PAPRIKA

GEBRATENES RINDFLEISCH NACH KOREANISCHER ART

SCHWEINEFLEISCH MIT GRÜNEN
BOHNEN & ERDNÜSSEN

RINDFLEISCH CHOP SUEY

VIETNAMESISCHER RINDFLEISCH-SALAT

GEBRATENES LAMM MIT ORANGEN

RINDFLEISCH MIT PAPRIKA & PORREE

SCHWEINEFLEISCH AUF JAPANISCHE ART

SCHWEINEFILET MIT PAPRIKANUDELN

LAMMPFANNE MIT ZUCKERERBSEN & SPINAT

SCHARFER SICHUAN-RINDFLEISCHSALAT

RINDFLEISCH MIT MISO, KOHL & ENOKI-PILZEN

LAMM MIT SCHWARZER-BOHNEN-SAUCE

NUDELN MIT SCHWEINEFLEISCH IN PFLAUMENSAUCE

Schweinefleisch mit Knoblauchnudeln

Für 4 Portionen   Vorbereitung: 15–20 Min.   Garzeit: 15 Min.

Zutaten

250 g breite chinesische Nudeln oder Vollkornnudeln

500 g Schweinefilet, in dünnen Streifen

1 TL Zucker

1 EL Pflanzen- oder Erdnussöl

4 EL Reisessig

4 EL Weißweinessig

4 EL Hoisin-Sauce

2 Frühlingszwiebeln, diagonal in Ringen

2 EL Maiskeimöl mit Knoblaucharoma

2 große Knoblauchzehen, in dünnen Scheiben

frisch gehackter Koriander, zum Garnieren

Zubereitung

1 Die Nudeln in einem Topf mit kochendem Wasser 3 Minuten oder nach Packungsanweisung garen. Abgießen, kalt abschrecken und abtropfen lassen. Beiseitestellen.

2 Das Fleisch mit dem Zucker bestreuen und gut vermengen. Einen Wok vorheizen. Das Öl hineingießen und erhitzen. Das Fleisch zugeben und 3 Minuten unter Rühren braten, bis es gebräunt und gar ist. Mit einem Schaumlöffel aus dem Wok nehmen und warm stellen. Beide Essigsorten in den Wok geben und auf etwa 5 Teelöffel Flüssigkeit einkochen. Hoisin-Sauce und Frühlingszwiebeln zugeben und die Flüssigkeit auf die Hälfte einkochen. Über das Fleisch geben und vermengen.

3 Den Wok mit Küchenpapier sauber auswischen und erhitzen. Das Maiskeimöl hineingießen und erhitzen. Den Knoblauch darin 30 Sekunden goldbraun und knusprig anbraten, mit einem Schaumlöffel aus dem Wok nehmen und beiseitestellen.

4 Die Nudeln in den Wok geben und unter Rühren durcherhitzen. Auf 4 Teller verteilen, die Fleisch-Zwiebel-Mischung daraufgeben und mit dem gebratenen Knoblauch bestreuen. Mit dem Koriander garniert servieren.

Variation

Für ein intensiveres Aroma können Sie auch 1 Esslöffel Erdnussbutter mit der Hoisin-Sauce vermischen. Vor dem Servieren zusätzlich 50 g halbierte Cashewkerne oder Erdnusshälften einrühren.

Schweinefleisch süßsauer

Für 4 Portionen   Vorbereitung: 15–20 Min.   Garzeit: 25–30 Min.

Zutaten

150 ml Pflanzenöl, zum Frittieren

250 g Schweinefilet, in 1 cm große Würfel geschnitten

1 Zwiebel, in Ringe geschnitten

1 grüne Paprika, in Streifen geschnitten

225 g Ananasstücke

1 kleine Karotte, in dünne Streifen geschnitten

25 g Bambussprossen aus der Dose, abgespült, abgetropft und halbiert

frisch gekochter Reis, zum Servieren

Teigmantel

125 g Weizenvollkornmehl

1 EL Speisestärke

1½ TL Backpulver

1 EL Pflanzenöl

Sauce

125 g Rohrzucker

2 EL Speisestärke

125 ml Weißweinessig

2 Knoblauchzehen, zerdrückt

4 EL Tomatenmark

6 EL Ananassaft

Zubereitung

1 Für den Teig das Vollkornmehl zusammen mit Speisestärke und Backpulver in eine Schüssel sieben. Das Öl zugießen und genügend Wasser (etwa 175 ml) unterrühren, um daraus einen dickflüssigen, glatten Teig herzustellen. Ausreichend Öl zum Frittieren in einem großen Wok auf 180–190 °C erhitzen oder bis ein Brotwürfel darin in 30 Sekunden bräunt.

2 Die Fleischstücke in den Teig eintauchen und portionsweise im heißen Öl braten, bis das Schweinefleisch gar ist. Mit einem Schaumlöffel aus dem Wok nehmen und auf Küchenpapier abtropfen lassen. Beiseitestellen und warm halten, bis das Fleisch weiterverarbeitet wird.

3 Das Öl bis auf 1 Esslöffel aus dem Wok gießen und diesen wieder erhitzen. Zwiebel, Paprika, Ananasstücke, Karotte und Bambussprossen hineingeben und 1–2 Minuten braten. Mit einem Schaumlöffel aus dem Wok heben und beiseitestellen. Alle Zutaten für die Sauce gut vermengen und in den Wok gießen.

4 Alles zum Kochen bringen und rühren, bis die Sauce eingedickt und klar ist. 1 Minute kochen, dann Fleisch und Gemüse wieder in den Wok geben. Weitere 1–2 Minuten pfannenrühren, in eine Servierschüssel füllen und mit frisch gekochtem Reis servieren.

FLEISCH

Gebratenes Rindfleisch mit Pak Choi

Für 4 Portionen Vorbereitung: 15 Min. plus Marinierzeit Garzeit: 8 Min.

Zutaten

350 g Skirt Steak (Saumfleisch)

2 EL Erdnussöl

1 Schalotte, gehackt

2 TL fein gehackte Ingwerwurzel

1 frischer roter Chili, entkernt und in dünne Ringe geschnitten

350 g Pak Choi, Stiele in 2,5 cm große Stücke, Blätter in breite Streifen geschnitten

1 EL Speisestärke

2 EL Rinderbrühe oder Wasser

Marinade

2 EL Sojasauce

1½ EL chinesischer Reiswein oder trockener Sherry

½ TL Zucker

½ TL Pfeffer

Zubereitung

1 Das Steak mit dem Rücken eines Messers flach klopfen. Das Fleisch in dünne Streifen schneiden und in eine Schüssel legen. Die Zutaten für die Marinade vermengen und über das Fleisch gießen. 1 Stunde bei Zimmertemperatur oder über Nacht im Kühlschrank marinieren.

2 Einen Wok auf mittlerer Stufe erhitzen und das Öl hineingeben. Schalotte, Ingwer und Chili 1 Minute darin anbraten. Die Temperatur erhöhen und das Fleisch samt Marinade hinzufügen. 3 Minuten pfannenrühren. Die Pak-Choi-Stiele zugeben und 1 Minute braten, dann die Blätter hineingeben und alles 1 weitere Minute pfannenrühren.

3 Die Speisestärke mit der Rinderbrühe zu einer weichen Paste verrühren. Diese in den Wok geben und 1 Minute pfannenrühren, bis die Sauce leicht eingedickt ist. Das Gericht auf einer vorgewärmten Platte anrichten und sofort servieren.

FLEISCH

Lamm mit Limettenblättern

Für 4 Portionen   Vorbereitung: 15 Min.   Garzeit: 35 Min.

Zutaten

450 g mageres Lammfleisch aus Keule oder Rücken

2 EL Pflanzen- oder Erdnussöl

2 frische rote Bird's-Eye-Chilis, fein gehackt

2 Knoblauchzehen, zerdrückt

4 Schalotten, gehackt

2 Stängel Zitronengras, in Ringen

6 frische Kaffir-Limettenblätter

1 EL Tamarindenpaste

2 EL Palmzucker oder brauner Zucker

300 ml Kokosmilch

170 g Cocktailtomaten, halbiert

1 EL frisch gehackter Koriander

frisch gekochter Reis, zum Servieren

Zubereitung

1 Das Lammfleisch mit einem scharfen Messer in feine Streifen oder Würfel schneiden. Das Öl in einem Wok erhitzen. Chilis, Knoblauch, Schalotten, Zitronengras, Limettenblätter, Tamarindenpaste und Zucker zugeben und etwa 2 Minuten pfannenrühren.

2 Die Fleischwürfel zugeben und unter Rühren 5 Minuten braten, bis sie gleichmäßig mit der würzigen Mischung überzogen sind.

3 Die Kokosmilch zugießen und zum Kochen bringen. Die Hitze reduzieren und alles 20 Minuten köcheln lassen.

4 Cocktailtomaten und Koriander zugeben und weitere 5 Minuten mitgaren.

5 Auf Serviertellern anrichten und sofort mit frisch gekochtem Reis servieren.

FLEISCH

Schweinefleisch à la Sichuan mit Auberginen

Für 4 Portionen   Vorbereitung: 20 Min.   Garzeit: 30–35 Min.

Zutaten

2 Auberginen (à 350 g)

2 EL Erdnussöl, plus etwas mehr zum Bestreichen

3–4 EL Chili-Bohnen-Paste aus Sichuan

2,5-cm-Stück Ingwerwurzel, sehr fein gehackt

2 große Knoblauchzehen, sehr fein gehackt

500 g Schweinehackfleisch

1 TL Zucker

2 EL Sojasauce

1 EL chinesischer schwarzer Essig oder dünnflüssiger Balsamico

2 TL Sichuan-Pfefferkörner

10 Frühlingszwiebeln, gehackt

¾ TL Speisestärke

125 ml Hühnerbrühe

1 EL Sesamsaat

Salz

gehackte Frühlingszwiebeln, zum Garnieren

Zubereitung

1 Die Auberginen längs halbieren, dann diagonal in 1,5 cm dicke Scheiben schneiden. Größere Scheiben halbieren. Alle Auberginenscheiben mit Öl bestreichen oder besprühen.

2 Einen Wok auf mittlerer Stufe erhitzen, mit etwas Öl ausstreichen und weitererhitzen, bis das Öl fast raucht. Die Auberginen darin portionsweise 30 Sekunden pfannenrühren. Die Hitze auf mittlere Stufe reduzieren und die Scheiben 5–7 Minuten unter Rühren braten, bis sie gut gebräunt sind. Einzelne Scheiben aus dem Wok nehmen, sobald sie gebräunt sind. Beiseitestellen und warm halten, während die übrigen Scheiben fertig gegart werden.

3 Den Wok mit Küchenpapier auswischen. Das Öl hineingießen und sehr heiß werden lassen, dann die Chili-Bohnen-Paste zugeben. Auf mittlerer Stufe 30 Sekunden kräftig pfannenrühren, damit sich Öl und Paste gut verbinden.

4 Ingwer und Knoblauch hinzufügen und 30 Sekunden braten. Dann das Fleisch in den Wok geben und mit einem Holzlöffel fein zerdrücken. 2 Minuten pfannenrühren, bis das Fleisch gar und gebräunt ist.

5 Zucker, Sojasauce, Essig und Pfefferkörner einrühren und alles mit Salz würzen. Auberginen und Frühlingszwiebeln zugeben und 3 Minuten pfannenrühren.

FLEISCH

6 Die Speisestärke mit etwas Hühnerbrühe zu einer glatten Paste verrühren, in den Wok geben, kurz pfannenrühren und die restliche Brühe zugießen. 1 Minute kochen, bis die Sauce eingedickt ist.

7 Auf vorgewärmten Tellern anrichten, mit der Sesamsaat bestreuen, mit gehackten Frühlingszwiebeln garnieren und sofort servieren.

Pikantes Sesam-Rindfleisch

Für 4 Portionen   Vorbereitung: 15–20 Min.   Garzeit: 10–15 Min.

Zutaten

500 g Rinderfilet, in dünnen Streifen
1½ EL Sesamsaat
125 ml Rinderbrühe
2 EL Sojasauce
2 EL frisch geriebene Ingwerwurzel
2 Knoblauchzehen, fein gehackt
1 TL Speisestärke
½ TL Chiliflocken
3 EL Sesamöl
1 großer Brokkoli, in Röschen
1 gelbe Paprika, in dünnen Streifen
1 frischer roter Chili, in dünnen Streifen
1 EL Chiliöl (nach Geschmack)
Salz und Pfeffer
1 EL gehackter Koriander, zum Garnieren
frisch gekochter Wildreis, zum Servieren

Zubereitung

1. Die Fleischstreifen mit 1 Esslöffel Sesamsaat in eine Schüssel geben und vermengen.

2. In einer zweiten Schüssel Brühe, Sojasauce, Ingwer, Knoblauch, Speisestärke und Chiliflocken verrühren.

3. 1 Esslöffel Sesamöl im Wok erhitzen und das Fleisch darin 2–3 Minuten pfannenrühren. Aus dem Wok heben und beiseitestellen. Den Wok mit Küchenpapier sauber auswischen.

4. Das restliche Sesamöl im Wok erhitzen. Brokkoli, Paprika, Chili und, nach Geschmack, Chiliöl zufügen und 2–3 Minuten unter Rühren garen.

5. Die Brühemischung einrühren und 2 Minuten köcheln lassen.

6. Das Fleisch in den Wok geben und die Flüssigkeit unter gelegentlichem Rühren 1–2 Minuten köcheln lassen, bis sie andickt. Mit dem restlichen Sesam bestreuen und mit Salz und Pfeffer abschmecken.

7. Mit dem Koriander garnieren und mit Wildreis servieren.

FLEISCH

Gebratenes Schweinefleisch à la Sichuan

Für 4 Portionen   Vorbereitung: 10–15 Min. plus Kühlzeit   Garzeit: 30–35 Min.

Zutaten

280 g Schweinebauch, in dünnen Scheiben

1 EL Pflanzen- oder Erdnussöl

1 EL Chili-Bohnen-Sauce

1 EL fermentierte schwarze Bohnen, abgetropft und zerdrückt

1 TL süße rote Bohnenpaste (nach Belieben)

1 grüne Paprika, in feinen Streifen

1 TL Zucker

1 TL dunkle Sojasauce

1 Prise frisch gemahlener weißer Pfeffer

Zubereitung

1 Wasser in einem Topf zum Kochen bringen und die Schweinebauchstücke hineingeben. Abdecken und 20 Minuten köcheln lassen, dabei aufsteigenden Schaum gelegentlich abschöpfen. Abgießen und das Fleisch abkühlen lassen.

2 Einen Wok auf mittlerer Stufe erhitzen und das Öl hineingießen. Die Fleischstücke darin pfannenrühren, bis sie zusammenschrumpfen. Die Chili-Bohnen-Sauce einrühren, dann schwarze Bohnen und rote Bohnenpaste, falls verwendet, unterheben.

3 Zum Schluss die Paprika und die restlichen Zutaten in den Wok geben und einige Minuten pfannenrühren, bis die Paprika weich und das Fleisch gar ist.

4 Auf vorgewärmten Tellern anrichten und sofort servieren.

Mariniertes Rindfleisch mit Gemüse

Für 4 Portionen   Vorbereitung: 15 Min. plus Marinierzeit   Garzeit: 8 Min.

Zutaten

500 g Rumpsteak, in dünne Streifen geschnitten
3 EL Sesamöl
½ EL Speisestärke
½ EL Sojasauce
1 Brokkoli, in Röschen zerteilt
2 Karotten, in dünne Streifen geschnitten
125 g Zuckererbsen
125 ml Rinderbrühe
250 g Babyspinat, grob gehackt

Marinade

1 EL trockener Sherry
½ EL Sojasauce
½ EL Speisestärke
½ TL Zucker
2 Knoblauchzehen, fein gehackt
1 EL Sesamöl

Zubereitung

1 Sämtliches Fett vom Steak entfernen. Das Fleisch in dünne Streifen schneiden und in eine flache Schüssel legen. Die Zutaten für die Marinade vermengen und über das Fleisch gießen. 30 Minuten marinieren, dann das Fleisch herausnehmen und die Marinade entsorgen.

2 Einen Wok auf mittlerer Stufe erhitzen und 1 Esslöffel Öl hineingeben. Das Fleisch darin 2 Minuten pfannenrühren. Aus dem Wok nehmen und beiseitestellen.

3 Die Speisestärke mit der Sojasauce in einer kleinen Schüssel verrühren und beiseitestellen. Die restlichen 2 Esslöffel Öl in den Wok geben. Brokkoli, Karotten und Zuckererbsen hinzufügen und 2 Minuten pfannenrühren.

4 Die Rinderbrühe zugießen, einen Deckel auf den Wok setzen und alles 1 Minute kochen. Spinat, Fleisch und Speisestärkemischung zugeben und kochen, bis der Sud eindickt. Sofort servieren.

FLEISCH

Rindfleisch in Schwarzer-Bohnen-Sauce

Für 4 Portionen   Vorbereitung: 10–15 Min.   Garzeit: 6–8 Min.

Zutaten

3 EL Erdnussöl

450 g Rinderhüftsteak, in dünne Scheiben geschnitten

1 rote Paprika, in dünne Streifen geschnitten

1 grüne Paprika, in dünne Streifen geschnitten

1 Bund Frühlingszwiebeln, in Ringe geschnitten

2 Knoblauchzehen, zerdrückt

1 EL frisch geriebene Ingwerwurzel

2 EL Schwarze-Bohnen-Sauce

1 EL Sherry

1 EL Sojasauce

Zubereitung

1 Einen Wok auf hoher Stufe erhitzen und 2 Esslöffel Öl hineingießen. Das Fleisch zufügen und 1–2 Minuten pfannenrühren. Aus dem Wok nehmen und beiseitestellen.

2 Das restliche Öl und die Paprika in den Wok geben und 2 Minuten pfannenrühren. Frühlingszwiebeln, Knoblauch und Ingwer hinzufügen und 30 Sekunden braten.

3 Schwarze-Bohnen-Sauce, Sherry und Sojasauce hineingeben, anschließend das Fleisch einrühren und erhitzen, bis die Sauce brodelnd kocht. Auf Schalen verteilen und servieren.

FLEISCH

Schweinefleisch mit Limetten & Cashewkernen

Für 2 Portionen Vorbereitung: 15–20 Min. plus Ruhezeit Garzeit: 8–10 Min.

Zutaten

300 g Schweinefilet
1 TL Koriandersamen
½ TL weiße Pfefferkörner
¼ TL Salz
¼ TL Zucker
Saft und fein abgeriebene Schale von 1 Limette
2 EL Erdnussöl
1 TL fein gehackte Ingwerwurzel
1 Knoblauchzehe, in dünne Scheiben geschnitten
3 Frühlingszwiebeln, weiße und grüne Teile getrennt, dann längs halbiert und in 2 cm lange Stücke geschnitten
1 kleine grüne Paprika, in dünne Streifen geschnitten
2 EL Cashewkerne, grob gehackt
1 EL Hühnerbrühe
1 TL thailändische Fischsauce
2 EL frische Minze, zum Garnieren

Zubereitung

1 Das Schweinefleisch quer zur Faser in mundgerechte Stücke schneiden. Mit einem Fleischklopfer oder mit dem Messerrücken flach klopfen. Koriandersamen, Pfefferkörner, Salz, Zucker und Limettenschale in einen Mörser geben und zerstoßen. Die Mischung auf beiden Seiten des Fleischs verteilen und gut andrücken. 15 Minuten ruhen lassen.

2 Einen Wok auf hoher Stufe erhitzen, dann 1 Esslöffel Öl hineingießen. Das Fleisch darin 2–3 Minuten pfannenrühren, bis es gar ist. Herausnehmen und mit dem ausgetretenen Fleischsaft in eine Schüssel geben. Den Wok mit Küchenpapier auswischen.

3 Den Wok auf mittlerer Stufe erhitzen und das restliche Öl hineingießen. Ingwer und Knoblauch einige Sekunden darin anbraten. Die weißen Teile der Frühlingszwiebeln und die Paprika dazugeben und 2 Minuten garen. Die Cashewkerne zufügen und alles 1 weitere Minute braten.

4 Die Hitze auf hohe Stufe stellen, dann das Fleisch mit dem Fleischsaft zurück in den Wok geben. Hühnerbrühe, Limettensaft, Fischsauce und die grünen Teile der Frühlingszwiebeln zufügen. 30 Sekunden pfannenrühren, dann mit der Minze garnieren und sofort servieren.

Gebratenes Lamm mit Porree

Für 2 Portionen Vorbereitung: 15 Min. plus Marinierzeit Garzeit: 7 Min.

Zutaten

300 g Lammnacken ohne Knochen
½ EL Speisestärke
1 EL Hühnerbrühe
2 EL Erdnussöl
3 Porreestangen, in 4 cm lange Stücke geschnitten
1 EL Hühnerbrühe oder Wasser
Pfeffer

Marinade

1 Knoblauchzehe, fein gehackt
2 TL Sojasauce
2 TL chinesischer Reiswein oder trockener Sherry
½ TL Zucker
¼ TL Salz

Zubereitung

1 Das Lammfleisch quer zur Faser in mundgerechte Stücke schneiden. Mit einem Messerrücken flach klopfen und in eine Schüssel geben. Die Zutaten für die Marinade vermengen, über das Fleisch gießen und dieses darin wenden. Bei Zimmertemperatur 1 Stunde oder über Nacht im Kühlschrank ruhen lassen.

2 Die Speisestärke mit der Brühe zu einer Paste verrühren. Den Wok auf hoher Stufe erhitzen und 1 Esslöffel Öl hineingießen. Das Lammfleisch dazugeben und 1 Minute pfannenrühren. Mit Pfeffer würzen. Die Speisestärkepaste hinzufügen und alles 1 weitere Minute braten. Aus dem Wok nehmen und warm stellen. Den Wok mit Küchenpapier auswischen.

3 Den Wok auf hoher Stufe erhitzen und das restliche Öl hineingießen. Porree und Hühnerbrühe zufügen und 2 Minuten pfannenrühren, bis der Porree fast gar, aber noch hellgrün und knackig ist. Das Fleisch wieder in den Wok geben und 30 Sekunden erhitzen. Alles herausnehmen, auf vorgewärmten Tellern anrichten und sofort servieren.

FLEISCH

Rindfleisch mit Pfeffer & Limette

Für 2 Portionen Vorbereitung: 20 Min. plus Marinierzeit Garzeit: 5 Min.

Zutaten

350 g mageres Saumfleisch

½ EL Palmzucker

1 EL schwarze, zerstoßene Pfefferkörner

4 TL Sojasauce

1 frischer roter Chili, entkernt und fein gehackt

½ Knoblauchknolle, in Zehen zerteilt und zerdrückt

2 EL Limettensaft

½ Chinakohl, in feinen Streifen

½ rote Zwiebel, halbiert und in feinen Ringen

1½ EL Erdnussöl

½ TL thailändische Fischsauce

frische Minzeblätter, zum Garnieren

Limettenspalten, zum Servieren

Zubereitung

1 Das Fleisch mit der flachen Seite eines großen Küchenmessers plattieren. Diagonal gegen die Faser in mundgerechte Stücke schneiden und diese in eine flache Schüssel geben.

2 Zucker, Pfeffer, Sojasauce, Chili, Knoblauch und die Hälfte des Limettensafts in einer Schüssel verrühren. Über das Fleisch gießen und dieses darin wenden. Bei Zimmertemperatur 1 Stunde oder im Kühlschrank über Nacht marinieren.

3 Die Kohlstreifen auf einen großen Servierteller geben und die Zwiebel darauf verteilen.

4 Einen Wok auf starker Stufe vorheizen, dann das Öl hineingeben und erhitzen. Das Fleisch aus der Marinade nehmen und 3 Minuten unter Rühren im Wok braten. Mit Fischsauce und restlichem Limettensaft ablöschen und 1 Minute unter Rühren garen.

5 Die Fleischstreifen samt Bratensaft auf dem Chinakohl anrichten und mit den Minzeblättern bestreuen. Sofort mit Limettenspalten garnieren und servieren.

FLEISCH

Rindfleisch & Pak Choi aus dem Wok

Für 4 Portionen   Vorbereitung: 10–15 Min.   Garzeit: 9–12 Min.

Zutaten

1 EL Erdnussöl
2 Knoblauchzehen, zerdrückt
2,5-cm-Stück Ingwerwurzel, gehackt
400 g mageres Rinderhackfleisch
1 Bund Frühlingszwiebeln, in diagonalen Ringen
300 g Pak Choi, in breiten Streifen
200 g Bohnensprossen
2 EL Limettensaft
2 EL Tomatenketchup
2 EL Sojasauce
frisch gekochte Eiernudeln oder Reis, zum Servieren

Zubereitung

1 Das Öl in einem Wok oder einer großen Pfanne erhitzen. Knoblauch und Ingwer darin bei mittlerer Hitze einige Sekunden unter Rühren anbraten, aber nicht bräunen.

2 Die Hitze erhöhen. Das Hackfleisch zugeben und 4–5 Minuten unter Rühren braten. Frühlingszwiebeln und Pak Choi zugeben und 2 Minuten pfannenrühren.

3 Die Bohnensprossen zugeben und 1–2 Minuten unter Rühren garen.

4 Limettensaft, Ketchup und Sojasauce untermischen und heiß werden lassen. Sofort mit Nudeln oder Reis servieren.

Lammpfanne mit Nudeln & Erdnüssen

Für 4 Portionen   Vorbereitung: 15–20 Min. plus Marinierzeit   Garzeit: 10–12 Min.

Zutaten

450 g Lammfleisch
2 EL Sojasauce
2 TL Speisestärke
200 ml Hühnerbrühe
1 EL thailändische Fischsauce
100 g Chinesischer Schnittlauch oder grüne Teile von 2 Bund Frühlingszwiebeln
125 g chinesische Eiernudeln
3 EL Erdnussöl
2-cm-Stück Ingwerwurzel, fein gehackt
5 EL grüne Currypaste
50 g trocken geröstete Erdnüsse, grob gehackt
Saft von ½ Limette
Limettenscheiben, zum Servieren
Salz

Zubereitung

1 Das Lammfleisch in 4 cm x 1 cm große Streifen schneiden und in eine flache Schüssel geben. Sojasauce, Speisestärke und 1 Prise Salz zufügen und alles gut vermengen. Abdecken und 1–24 Stunden im Kühlschrank marinieren.

2 Hühnerbrühe, Fischsauce und ½ Teelöffel Salz verrühren. Den Schnittlauch in 2 cm lange Stücke schneiden.

3 Die Nudeln nach Packungsanleitung garen. Abgießen, abtropfen lassen und zurück in den Topf geben. 1 Esslöffel Öl zufügen und vermengen.

4 Das restliche Öl in einem Wok erhitzen, das Fleisch zugeben und etwa 3 Minuten rundum bräunen. Ingwer und Currypaste zufügen und 1 Minute pfannenrühren. Mit der Brühenmischung ablöschen und alles zum Kochen bringen. Die Nudeln gut unterrühren. Den Schnittlauch zugeben und alles einige Sekunden unter Rühren garen. Erdnüsse und Limettensaft einrühren und die Lammpfanne auf Servierteller verteilen. Mit Limettenscheiben servieren.

FLEISCH

Rindfleisch mit Ingwer & Paprika

Für 4 Portionen   Vorbereitung: 15 Min. plus Marinierzeit   Garzeit: 10 Min.

Zutaten

500 g Rinderfilet
2 TL Erdnussöl
2 Knoblauchzehen, zerdrückt
2 EL frisch geriebene Ingwerwurzel
1 Prise Chiliflocken
2 gelbe Paprika, in dünnen Streifen
125 g Babymaiskolben
175 g Zuckererbsen

Marinade

2 EL Sojasauce
2 TL Erdnussöl
1½ TL Zucker
1 TL Speisestärke

Zubereitung

1 Das Fleisch in 2,5 cm große Würfel schneiden und in eine flache Schüssel legen. Die Zutaten für die Marinade vermengen und über das Fleisch gießen. 30 Minuten marinieren.

2 Einen Wok auf mittlerer Stufe erhitzen und das Öl hineingeben. Knoblauch, Ingwer und Chiliflocken hinzufügen und 30 Sekunden garen. Paprika und Babymaiskolben zugeben und 2 Minuten pfannenrühren. Die Zuckererbsen hinzufügen und alles 1 weitere Minute garen.

3 Das Gemüse aus dem Wok nehmen. Das Fleisch samt Marinade hineingeben und 3–4 Minuten pfannenrühren. Das Gemüse wieder hinzufügen, alles gut vermengen und garen, bis die Zutaten erhitzt sind. Sofort servieren.

Gebratenes Rindfleisch nach koreanischer Art

Für 4 Portionen Vorbereitung: 20 Min. plus Marinierzeit Garzeit: 10–12 Min.

Zutaten

450 g Flank-Steak (vom unteren Rippenbereich)
3 EL Sojasauce
1½ TL Zucker
¼ TL Pfeffer
5 EL Rinderbrühe
1 TL Speisestärke
1 Knoblauchzehe, zerdrückt
2-cm-Stück Ingwerwurzel, sehr fein gehackt
½–1 frischer grüner Chili, entkernt und fein gehackt
1 Wirsing (400 g)
3 EL Pflanzenöl
8 EL fertiges Kimchi oder Sauerkraut
2 Frühlingszwiebeln, in 4 cm lange Stücke geschnitten
½ TL geröstetes Sesamöl
1 kleine Handvoll frische Korianderblätter, grob gehackt, und 2 TL Sesamsaat, zum Garnieren

Zubereitung

1 Das Steak zwischen zwei Lagen Frischhaltefolie legen und mit einem Fleischklopfer 5 mm dünn klopfen. In dünne Streifen schneiden, in eine Schüssel legen und 2 Esslöffel Sojasauce, ½ Teelöffel Zucker und den Pfeffer untermischen. 2–4 Stunden marinieren, dabei gelegentlich umrühren.

2 Mit einem Schneebesen die restliche Sojasauce mit dem restlichen Zucker sowie Brühe und Speisestärke verquirlen. Knoblauch, Ingwer und Chili mischen. Den Wirsing vierteln und den Strunk herausschneiden. Die Blätter quer in 1 cm lange Streifen schneiden. Das Fleisch abtropfen lassen und die Flüssigkeit entsorgen.

3 Einen großen Wok auf hoher Stufe erhitzen. Die Hälfte des Öls hineingießen und heiß werden lassen, bis es fast raucht. Das Rindfleisch hineingeben und 3 Minuten braten, bis es gebräunt ist. Aus dem Wok nehmen und zusammen mit dem Fleischsaft in eine Schüssel geben.

4 Den Wok mit Küchenpapier auswischen. Das restliche Öl hineingießen und auf mittlerer Stufe erhitzen. Die Knoblauchmischung hinzufügen und 15 Sekunden anbraten. Den Wirsing zugeben und 2–3 Minuten pfannenrühren, bis er gebräunt ist. Das Kimchi hineingeben und alles weitere 2 Minuten pfannenrühren.

5 Das Rindfleisch mit dem Saft wieder in den Wok geben und alles verrühren. Die Frühlingszwiebeln zufügen, dann die Brühemischung zugießen. 1 Minute pfannenrühren, bis der Sud leicht eingedickt ist.

6 Das Sesamöl darüberträufeln. Die Korianderblätter darüberstreuen, mit der Sesamsaat garnieren und sofort servieren.

Schweinefleisch mit grünen Bohnen & Erdnüssen

Für 4 Portionen   Vorbereitung: 15 Min.   Garzeit: 12–14 Min.

Zutaten

4 EL Erdnussöl

250 g grüne Bohnen, Enden entfernt und in 5 cm große Stücke geschnitten

2 Knoblauchzehen, fein gehackt

2-cm-Stück Ingwerwurzel, fein gehackt

1 große Frühlingszwiebel, fein gehackt

250 g Schweinehackfleisch

1½ EL Reiswein oder trockener Sherry

1½ EL Sojasauce

1–1½ TL Sichuan-Chilipaste

1 EL Speisestärke

6 EL Hühnerbrühe

4 EL trocken geröstete Erdnüsse

Salz und Pfeffer

2 EL frisch gehackter Koriander, zum Garnieren

Zubereitung

1 Einen Wok auf hoher Stufe erhitzen. 2 Esslöffel Öl hineingießen und sehr heiß werden lassen. Die Bohnen zugeben und 4–5 Minuten bei mittlerer Hitze pfannenrühren, bis sich auf der Bohnenhaut leichte Blasen entwickeln. Mit einem Schaumlöffel aus dem Wok nehmen und auf Küchenpapier abtropfen lassen.

2 Das restliche Öl im Wok erhitzen und Knoblauch, Ingwer und Frühlingszwiebel hineingeben. Einige Sekunden anbraten, dann das Fleisch dazugeben und mit einem Holzlöffel fein zerdrücken.

3 Reiswein, Sojasauce und Chilipaste zugeben und mit Salz und Pfeffer würzen. Auf mittlerer Stufe 3 Minuten pfannenrühren, bis das Fleisch gar und gebräunt ist.

4 Die Speisestärke mit 2 Esslöffeln Brühe zu einer glatten Paste verrühren. Mit der restlichen Brühe mischen und in den Wok geben. Die Erdnüsse zufügen und alles weitere 2 Minuten pfannenrühren.

5 Auf vorgewärmten Tellern anrichten, mit dem Koriander bestreuen und sofort servieren.

FLEISCH

Rindfleisch Chop Suey

Für 4 Portionen Vorbereitung: 15 Min. plus Marinierzeit Garzeit: 10 Min.

Zutaten

450 g Steak aus der Hochrippe

1 Brokkoli, in Röschen zerteilt

2 EL Pflanzenöl

1 Zwiebel, in Ringe geschnitten

2 Selleriestangen, in Scheiben geschnitten

250 g Zuckererbsen, längs halbiert

50 g Bambussprossen aus der Dose, abgespült und klein geschnitten

8 Wasserkastanien, in Scheiben geschnitten

250 g Champignons, in Scheiben geschnitten

1 EL Austernsauce

Salz

Marinade

1 EL chinesischer Reiswein

½ TL frisch gemahlener weißer Pfeffer

1 EL helle Sojasauce

½ TL Sesamöl

Zubereitung

1 Sämtliches Fett vom Steak entfernen. Das Fleisch in dünne Streifen schneiden und in eine flache Schüssel legen. Die Zutaten für die Marinade vermengen, dann über das Fleisch träufeln und 30 Minuten marinieren.

2 Den Brokkoli in einem großen Topf mit leicht gesalzenem Wasser 30 Sekunden blanchieren. Abtropfen lassen und beiseitestellen.

3 Einen Wok auf hoher Stufe erhitzen, dann 1 Esslöffel Öl hineingießen. Das Fleisch zufügen und pfannenrühren, bis es anbräunt. Aus dem Wok nehmen und beiseitestellen.

4 Den Wok mit Küchenpapier auswischen. Das restliche Öl darin erhitzen. Die Zwiebel hinzufügen und 1 Minute braten. Sellerie und Brokkoli dazugeben und 2 Minuten garen. Zuckererbsen, Bambussprossen, Wasserkastanien und Champignons hinzufügen und 1 Minute garen. Zuletzt das Rindfleisch zugeben, die Austernsauce zugießen und nach Belieben salzen. Auf einzelne Schalen verteilen und servieren.

Vietnamesischer Rindfleischsalat

Für 2 Portionen   Vorbereitung: 20–25 Min. plus Marinierzeit   Garzeit: 6 Min.

Zutaten

400 g Rinderhüftsteak
1 frischer roter Chili, entkernt
2 große Knoblauchzehen
1 EL Palmzucker
2 TL Sojasauce
Saft von 1 Limette
3 EL Erdnussöl
25 g geröstete Erdnüsse, gehackt
1 Handvoll frische Minzeblätter
1 Handvoll frische Korianderblätter

Dressing

1 frischer roter Chili, entkernt und fein gehackt
1 große Knoblauchzehe, zerdrückt
1 EL Palmzucker
2 EL thailändische Fischsauce
Saft von 1 Limette
½ TL geröstetes Sesamöl

Salat

½ kleiner Chinakohl, in Blätter zerteilt
2 Karotten
6-cm-Stück Salatgurke
½ rote Zwiebel, in dünne Ringe geschnitten

Zubereitung

1 Das Rinderhüftsteak in dünne Streifen schneiden und in eine Schüssel legen. Chili, Knoblauch, Zucker, Sojasauce und Limettensaft in einen Mixer geben und fein pürieren. Die Marinade über das Fleisch gießen und gut darin wenden. 30 Minuten marinieren.

2 Für das Dressing Chili, Knoblauch und Palmzucker in einen Mörser geben und dann zu einer feinen Paste verarbeiten. Die Fischsauce einrühren, dann den Limettensaft mit dem Öl zugeben.

3 Für den Salat die Chinakohlblätter quer in breite Streifen schneiden. Die Karotten in 2–3 Stücke schneiden. Mit einem Gemüseschäler von jedem Karottenstück hauchdünne Streifen abschneiden, dabei die Stücke drehen. Die Gurkenschale in Streifen abziehen, dazwischen Abstand lassen, sodass noch Schalenstreifen an der Gurke verbleiben. Die Gurke längs halbieren und die Kerne herausschaben. Das Fleisch quer in 1 cm dicke Scheiben schneiden. Chinakohl, Karotten, Gurken und Zwiebel in eine Salatschüssel geben. Das Dressing darüberträufeln und alles gut vermischen.

4 Einen Wok auf hoher Stufe erhitzen. Das Öl zugießen und sehr heiß werden lassen. Das Fleisch zufügen und 3 Minuten pfannenrühren. Die austretende Flüssigkeit abgießen und das

FLEISCH

Fleisch weitere 2 Minuten braten, bis es gebräunt und an den Seiten etwas knusprig ist. Aus dem Wok nehmen und auf Küchenpapier abtropfen lassen.

5 Das gebratene Fleisch auf dem Salat verteilen. Erdnüsse, Minze und Koriander zugeben. Noch einmal alles gut durchmischen und servieren, solange das Rindfleisch noch warm ist.

Gebratenes Lamm mit Orangen

Für 2 Portionen Vorbereitung: 10–15 Min. Garzeit: 30 Min.

Zutaten

450 g Lammhackfleisch

2 Knoblauchzehen, zerdrückt

1 TL Kreuzkümmelsamen

1 TL gemahlener Koriander

1 rote Zwiebel, in Ringe geschnitten

fein abgeriebene Schale und Saft von 1 Orange

2 EL Sojasauce

1 Orange, geschält und filetiert

Salz und Pfeffer

frisch gehackter Schnittlauch und Orangenzesten, zum Garnieren

Zubereitung

1 Einen Wok ohne Öl erhitzen. Das Lammhackfleisch hineingeben und 5 Minuten braten, bis es gebräunt ist. Das ausgetretene Fett aus dem Wok entfernen.

2 Knoblauch, Kreuzkümmel, Koriander und Zwiebel in den Wok geben und 5 Minuten pfannenrühren.

3 Orangenschale und -saft sowie Sojasauce einrühren und alles gut durchmischen. Den Wok abdecken, die Hitze reduzieren und das Gericht 15 Minuten köcheln lassen, dabei gelegentlich umrühren.

4 Den Deckel abnehmen, die Hitze wieder erhöhen und die Orangenspalten dazugeben. Alles gut durchmischen.

5 Mit Salz und Pfeffer würzen und alles weitere 2–3 Minuten pfannenrühren. Auf vorgewärmten Tellern anrichten und mit Schnittlauch und Orangenzesten garnieren. Sofort servieren.

Rindfleisch mit Paprika & Porree

Für 4 Portionen Vorbereitung: 20 Min. plus Marinierzeit Garzeit: 15 Min.

Zutaten

450 g Rumpsteak

1 Knoblauchzehe, zerdrückt

3–4 junge Porreestangen (insgesamt 300 g)

1 dünnschalige rote Paprika, z. B. Romano, längs geviertelt

3 EL Erdnussöl

1 EL Hoisin-Sauce

1 EL Sojasauce

6 EL Rinderbrühe

½ TL Zucker

1 kleines Bund frischer Schnittlauch, in 2,5 cm lange Stücke geschnitten

Salz und Pfeffer

Zubereitung

1 Das Fleisch in 5 cm × 2,5 cm große Streifen schneiden und in eine flache Schüssel legen. Die Streifen mit Knoblauch, ¼ Teelöffel Salz und Pfeffer nach Geschmack einreiben. Zwischen 30 Minuten und 2 Stunden marinieren.

2 Die Porreestangen diagonal in 2,5 cm große Stücke schneiden, die Paprikaviertel diagonal in dünne Streifen schneiden.

3 Einen Wok auf hoher Stufe vorheizen. Die Hälfte des Öls zugießen und sehr heiß werden lassen. Das Rindfleisch zugeben und 2 Minuten pfannenrühren, bis es nicht mehr rot ist. Die Hoisin-Sauce zugießen und 5 Minuten pfannenrühren, bis die Flüssigkeit verdampft und das Fleisch klebrig überzogen ist. Das Fleisch aus dem Wok nehmen und warm stellen.

4 Den Wok mit Küchenpapier auswischen. Auf hoher Stufe erhitzen und das restliche Öl hineingießen. Paprika und Porree hineingeben und 2 Minuten pfannenrühren, bis die Gemüsestücke weich sind. Sojasauce, Brühe und Zucker zugeben und 2 Minuten garen.

5 Das Fleisch wieder in den Wok geben. Salzen und pfeffern und alles 1 weitere Minute pfannenrühren. Den Schnittlauch unterrühren und sofort servieren.

Schweinefleisch auf japanische Art

Für 2 Portionen   Vorbereitung: 15 Min. plus Marinierzeit   Garzeit: 8 Min.

Zutaten

280 g Schweinefilet

2 EL Erdnussöl

1 Knoblauchzehe, in dünne Scheiben geschnitten

120 g grüne Bohnen, Enden entfernt und in 4 cm lange Stücke geschnitten

1½ TL Sesamsaat

½ TL Sesamöl

Salz und Pfeffer

Marinade

3 EL Shoyu oder Tamari (japanische Sojasauce)

3 EL Mirin (japanische Würzsauce)

fein abgeriebene Schale und Saft von ½ Orange

1 EL flüssiger Honig

½–1 frischer roter Chili, entkernt und in feine Ringe geschnitten

1 TL fein gehackte Ingwerwurzel

Zubereitung

1 Das Fleisch quer zur Faser in sehr dünne Scheiben und diese in dünne Streifen schneiden, dann in eine flache Schüssel legen. Die Zutaten für die Marinade sorgfältig verrühren, bis sich der Honig aufgelöst hat. Die Marinade über das Fleisch gießen und vermengen. Bei Zimmertemperatur 1 Stunde oder über Nacht im Kühlschrank marinieren. Dann das Fleisch in einem Siebeinsatz über einer Schüssel abtropfen lassen. Die Marinade aufbewahren.

2 Einen Wok auf mittlerer Stufe erhitzen und das Erdnussöl hineingießen. Den Knoblauch hinzugeben und einige Sekunden pfannenrühren, dann die Bohnen zufügen und 5 Minuten braten. Das Fleisch zusammen mit der Marinade in den Wok geben und die Temperatur auf hohe Stufe schalten. Mit Salz und Pfeffer würzen und 4–5 Minuten pfannenrühren, bis die Bohnen zart sind und das Fleisch gar ist.

3 Mit der Sesamsaat bestreuen, das Sesamöl einrühren und alles weitere 30 Sekunden braten. Auf vorgewärmten Tellern anrichten und sofort servieren.

FLEISCH

Schweinefilet mit Paprikanudeln

Für 2 Portionen   Vorbereitung: 20 Min. plus Marinierzeit   Garzeit: 25–30 Min. plus Ruhezeit

Zutaten

1 EL rote Currypaste
2 EL Sojasauce
350 g Schweinefilet
250 g dünne asiatische Eiernudeln
2 EL Pflanzen- oder Erdnussöl
1 rote Zwiebel, gehackt
2,5-cm-Stück Ingwerwurzel, fein gehackt
1 Knoblauchzehe, fein gehackt
1 orange Paprika, klein geschnitten
1 rote Paprika, klein geschnitten
1 EL schwarzer Pfeffer
1 kleines Bund frischer Schnittlauch, in Röllchen geschnitten
1 Handvoll frischer Koriander, gehackt

Zubereitung

1 Currypaste und Sojasauce in einer kleinen Schüssel verrühren und das Filet damit bestreichen. Alles abdecken und im Kühlschrank 1 Stunde marinieren.

2 Den Backofen auf 200°C vorheizen. Das Filet in eine Bratform geben und 20–25 Minuten im Ofen garen. Herausnehmen und mit Alufolie abgedeckt 15 Minuten ruhen lassen.

3 Die Nudeln in einem großen Topf mit leicht gesalzenem Wasser 4 Minuten bzw. nach Packungsanweisung kochen. Die Nudeln abgießen, unter kaltem Wasser abspülen und beiseitestellen.

4 Das Öl im Wok erhitzen. Zwiebel, Ingwer und Knoblauch darin auf mittlerer Stufe unter Rühren 1–2 Minuten braten. Paprika und Pfeffer zugeben und unter Rühren 2–3 Minuten weich garen. Den Schnittlauch und den Großteil des Korianders untermischen.

5 Die abgetropften Nudeln zur Paprikamischung geben und gut umrühren. Auf zwei Portionsschalen verteilen. Das Filet aufschneiden und auf den Nudeln anrichten. Mit dem Koriander bestreut sofort servieren.

FLEISCH

Lammpfanne mit Zuckererbsen & Spinat

Für 4 Portionen   Vorbereitung: 10–15 Min.   Garzeit: 12–15 Min.

Zutaten

4 EL Pflanzen- oder Erdnussöl

550 g Lammfilet, in dünne Scheiben geschnitten

1 große Zwiebel, fein gehackt

2 Knoblauchzehen, fein gehackt

2 frische rote Chilis, entkernt und in dünne Scheiben geschnitten

175 g Zuckererbsen

350 g Spinatblätter, grobe Stängel entfernt

2 EL Limettensaft

3 EL Austernsauce

2 EL thailändische Fischsauce

2 TL Zucker

5 EL frisch gehackte Minze

Salz und Pfeffer

Zubereitung

1 Das Öl in einem Wok erhitzen. Das Lammfleisch zugeben und 2–3 Minuten rundum anbräunen. Mit einem Schaumlöffel herausheben und auf Küchenpapier abtropfen lassen.

2 Zwiebel, Knoblauch und Chilis zufügen und 3 Minuten pfannenrühren. Die Zuckererbsen zufügen und weitere 2 Minuten pfannenrühren. Dann den Spinat einrühren und das Lammfleisch zurück in den Wok geben.

3 Limettensaft, Austernsauce, Fischsauce und Zucker zugeben und unter Rühren etwa 4 Minuten köcheln lassen, bis das Lammfleisch durchgegart und zart ist. Zum Schluss die Minze unterrühren, alles mit Salz und Pfeffer abschmecken und sofort servieren.

Scharfer Sichuan-Rindfleisch-Salat

Für 4 Portionen Vorbereitung: 20 Min. plus Marinier- & Kühlzeit Garzeit: 10 Min.

Zutaten

350 g Rinderhüftsteak

90 g Eiernudeln

1 kleine rote Zwiebel, halbiert und in dünne Ringe geschnitten

6 Radieschen, in Scheiben geschnitten

4 große Handvoll pfeffrige Salatblätter, z. B. Brunnenkresse, Brauner Senf oder Rucola

1½ EL Erdnussöl

1 TL Sichuan-Pfefferkörner, zerstoßen

Marinade

4 TL chinesischer Reiswein oder trockener Sherry

½ EL Sojasauce

4 TL Zucker

2 EL Hoisin-Sauce

2,5-cm-Stück Ingwerwurzel, gerieben

Dressing

2 TL Sichuan-Pfefferkörner, zerstoßen

1½ EL helle Sojasauce

1½ EL Reisessig

2 EL kalt gepresstes Sesamöl

Zubereitung

1 Sämtliches Fett vom Steak entfernen. Das Fleisch in Streifen schneiden und in eine flache Schüssel legen. Die Zutaten für die Marinade vermischen und über das Rindfleisch träufeln. 30 Minuten marinieren.

2 Die Nudeln in einem Topf mit leicht gesalzenem Wasser 3–4 Minuten oder nach Packungsangabe kochen, bis sie weich sind. Abtropfen und abkühlen lassen, dann in kurze Stücke schneiden. Die Zutaten für das Dressing in einer Schüssel mit dem Schneebesen verrühren, bis sie gut durchmischt sind. Die Nudeln mit Zwiebel, Radieschen und Salatblättern in eine große Schüssel geben und sorgfältig durchmischen. Das Dressing noch einmal mit dem Schneebesen verrühren und zwei Drittel davon über den Salat träufeln. Erneut durchheben, damit die Nudeln gleichmäßig verteilt sind, dann den Salat auf einzelne Servierteller verteilen.

3 Einen Wok auf mittlerer Stufe erhitzen, Erdnussöl und Sichuan-Pfeffer hineingeben. Einige Sekunden rühren, damit sich das Pfefferaroma im Öl gut entwickeln kann. Das Fleisch zusammen mit der Marinade hineingeben und 4–5 Minuten braten, bis es anbräunt. Mit einem Schaumlöffel herausnehmen und über dem Salat verteilen. Zum Schluss das restliche Dressing darüberträufeln und sofort servieren.

FLEISCH

Rindfleisch mit Miso, Kohl & Enoki-Pilzen

Für 4 Portionen   Vorbereitung: 20 Min. plus Kühl- & Marinierzeit   Garzeit: 15–17 Min.

Zutaten

2 Rumpsteaks (insgesamt 450 g)

4 EL Erdnussöl

2 Schalotten, gehackt

1 große Knoblauchzehe, fein gehackt

2,5-cm-Stück Ingwerwurzel, fein gerieben

2 Karotten, in dünne Stifte geschnitten

½ Spitzkohl, längs halbiert und Strunk entfernt, die Blätter quer in Streifen geschnitten

3 EL Hühnerbrühe

150 g Enoki-Pilze, Stielenden abgeschnitten

1 TL geröstetes Sesamöl

2 EL Sesamsaat

1 kleine Handvoll frische Korianderblätter, grob gehackt

Salz und Pfeffer

Miso-Marinade

1½ EL Zucker

4 EL Mirin (japanische Würzsauce)

½ TL Wasabi-Paste

6 EL Miso

1 EL Zitronensaft

Zubereitung

1 Für die Marinade Zucker und Mirin bei geringer Hitze erwärmen, bis sich der Zucker aufgelöst hat, dabei gelegentlich umrühren. Wasabi-Paste und Miso zufügen. Zu einer glatten Masse verrühren. Den Topf vom Herd nehmen, den Zitronensaft einrühren und abkühlen lassen.

2 Die Steaks zwischen zwei Lagen Frischhaltefolie legen und mit einem Fleischklopfer 5 mm dünn klopfen. In 5 cm x 2,5 cm große Streifen schneiden, in eine flache Schüssel legen, die Marinade darübergeben und gut vermengen. Abdecken und im Kühlschrank mindestens 4 Stunden oder über Nacht marinieren.

3 Das Rindfleisch abtropfen lassen und die überschüssige Marinade auffangen; sie sollte etwa 2 Esslöffel ergeben.

4 Einen großen Wok auf hoher Stufe erhitzen. 2 Esslöffel Erdnussöl darin sehr heiß werden lassen. Das Rindfleisch 3 Minuten pfannenrühren, bis es braun ist. Aus dem Wok nehmen und warm stellen.

5 Den Wok mit Küchenpapier auswischen. Auf mittlerer Stufe erhitzen, das restliche Öl hineingießen und sehr heiß werden lassen. Die Schalotten zugeben und 2 Minuten pfannenrühren, bis sie weich werden. Knoblauch und Ingwer hinzufügen und 15 Sekunden braten.

6 Karotten und Kohl zugeben. Die Hitze auf mittlere Stufe reduzieren und Brühe sowie restliche Marinade in den Wok gießen. Alles 3 Minuten pfannenrühren, bis das Gemüse zart ist. Die Pilze vorsichtig trennen, in den Wok geben und 30 Sekunden braten.

7 Das Fleisch wieder in den Wok geben und 1 Minute kräftig braten. Mit Salz und Pfeffer abschmecken. Das Sesamöl darüberträufeln, dann Sesamsaat und Koriander darüberstreuen und sofort servieren.

Lamm mit Schwarzer-Bohnen-Sauce

Für 4 Portionen   Vorbereitung: 20 Min.   Garzeit: 13–15 Min.

Zutaten

450 g Lammnacken oder Lammhaxe ohne Knochen

1 Eiweiß, leicht verquirlt

4 EL Speisestärke

1 TL Fünf-Gewürze-Pulver

3 EL Sonnenblumenöl

1 rote Zwiebel, in Ringen

1 rote Paprika, in Streifen

1 grüne Paprika, in Streifen

1 gelbe oder orange Paprika, in Streifen

5 EL Schwarze-Bohnen-Sauce

frisch gekochte chinesische Eiernudeln, zum Servieren

Zubereitung

1 Mit einem scharfen Messer das Lammfleisch in sehr dünne Streifen schneiden. Eiweiß, Speisestärke und Fünf-Gewürze-Pulver in einer Schüssel verrühren. Das Fleisch hineingeben und in der Mischung wenden, bis die Streifen gleichmäßig überzogen sind.

2 Einen Wok auf hoher Stufe erhitzen und das Öl hineingießen. Das Fleisch darin 5 Minuten pfannenrühren, bis es an den Rändern knusprig braun ist.

3 Zwiebel und Paprikastreifen zugeben und 5–6 Minuten pfannenrühren, bis das Gemüse weich wird.

4 Die Schwarze-Bohnen-Sauce zu der Fleisch-Gemüse-Mischung im Wok geben, gut verrühren und aufkochen.

5 Lamm, Gemüse und Sauce auf vorgewärmten Tellern anrichten und sofort mit frisch gekochten Nudeln servieren.

FLEISCH

Nudeln mit Schweinefleisch in Pflaumensauce

Für 4 Portionen   Vorbereitung: 15 Min.   Garzeit: 10–12 Min.

Zutaten

600 g Schweinefilet

2 EL Erdnussöl

1 orange Paprika, in Streifen geschnitten

1 Bund Frühlingszwiebeln, in Ringe geschnitten

250 g Austernpilze, in Scheiben geschnitten

300 g Bohnensprossen

2 EL trockener Sherry

150 ml Pflaumensauce

250 g Eiernudeln

Salz und Pfeffer

frisch gehackter Koriander, zum Garnieren

Zubereitung

1 Das Schweinefleisch in lange, dünne Streifen schneiden. Einen Wok auf mittlerer Stufe erhitzen und das Öl hineingießen. Die Fleischstreifen in den Wok geben und 2–3 Minuten unter Rühren braten, bis sie gar sind.

2 Die Paprika in den Wok geben und 2 Minuten pfannenrühren, dann Frühlingszwiebeln, Pilze und Bohnensprossen hinzufügen.

3 Das Gemüse 2–3 Minuten pfannenrühren, dann Sherry und Pflaumensauce zugießen und aufkochen. Mit Salz und Pfeffer würzen.

4 In der Zwischenzeit die Nudeln in einem Topf mit leicht gesalzenem Wasser 4 Minuten oder nach Packungsangabe kochen, bis sie weich sind.

5 Die Nudeln abgießen, in den Wok geben und alles gut durchmischen. Mit frisch gehacktem Koriander garnieren und sofort servieren.

Variation

Geben Sie in Schritt 2 grob geschnittenen Pak Choi hinzu. Dies ergibt einen besonders feinen Geschmack.

FLEISCH

GEFLÜGEL

HÄHNCHEN MIT PISTAZIEN
HÄHNCHEN CHOW MEIN
GEBRATENES HUHN MIT FÜNF GEWÜRZEN
ENTE MIT CHILI & FRITTIERTEN SCHALOTTEN
ZITRONENPUTE MIT SPINAT
GEBRATENER REIS MIT HUHN
INGWERHÜHNCHEN MIT NUDELN
PUTE MIT CRANBERRY-SAUCE
GEBRATENES PAPRIKAHUHN
PUTENBRUST MIT PILZEN & ZUCCHINI
PUTE MIT HOISIN-SAUCE & CASHEWKERNEN
HÜHNCHEN MIT GEMÜSE & KORIANDERREIS
HÄHNCHEN-PILZ-PFANNE
PIKANTE PUTENBRUSTSTREIFEN
SAN CHOI BAO
INGWERHUHN MIT SESAM
GEBRATENE PUTE MIT GEMÜSE
SIEBEN-GEWÜRZE-HUHN MIT ZUCCHINI
PUTEN-TERIYAKI
ENTE MIT ERBSEN
PUTE AUF ASIATISCHE ART MIT KAFFEEGLASUR
HÄHNCHEN MIT CASHEWKERNEN
NASI GORENG
HÄHNCHEN MIT SHIITAKE-PILZEN
KNUSPRIG-SCHARFES PUTENFLEISCH
WARMER HÄHNCHEN-GEMÜSE-SALAT
HÄHNCHEN SÜSSSAUER
ENTE MIT MAIS & ANANAS

Hähnchen mit Pistazien

Für 4 Portionen   Vorbereitung: 15 Min.   Garzeit: 13–17 Min.

Zutaten

500 g Hähnchenbrustfilet, in Streifen

2 EL Pflanzen- oder Erdnussöl, plus eventuell etwas mehr

500 g Pilze, in dünnen Scheiben

1 Brokkoli, in Röschen

150 g Bohnensprossen

100 g Wasserkastanien aus der Dose, abgetropft und in dünnen Scheiben

175 g Pistazien, plus etwas mehr zum Garnieren

frisch gekochter Reis, zum Servieren

Marinade

1 Eiweiß, verquirlt

½ TL Salz

2 EL Pflanzen- oder Erdnussöl

2 TL Speisestärke

Sauce

50 ml Hühnerbrühe

2 EL Sojasauce

2 EL trockener Sherry

1 TL Speisestärke

Zubereitung

1 Für die Sauce alle Zutaten in einer Schüssel gut verrühren und beiseitestellen.

2 Für die Marinade alle Zutaten in einer Schüssel verrühren. Das Fleisch hineingeben und in dieser Mischung wenden.

3 Einen Wok oder eine schwere Pfanne vorheizen. Das Öl hineingießen und erhitzen. Das Fleisch darin portionsweise braten, bis es goldbraun ist. Herausnehmen, auf Küchenpapier abtropfen lassen und warm halten.

4 Bei Bedarf noch etwas Öl in den Wok gießen, die Pilze zugeben und pfannenrühren. Den Brokkoli zufügen und 2–3 Minuten garen.

5 Das Fleisch zurück in den Wok geben und Bohnensprossen, Wasserkastanien und Pistazien hinzufügen. Alle Zutaten nochmals erhitzen. Die Sauce zugießen und unter ständigem Rühren eindicken. Sofort auf einem Reisbett mit Pistazien bestreut servieren.

Variation

In der Spargelzeit lässt sich der Brokkoli in Schritt 4 wunderbar durch frischen Spargel ersetzen.

Hähnchen Chow Mein

Für 4 Portionen   Vorbereitung: 15 Min.   Garzeit: 13–17 Min.

Zutaten

250 g asiatische Eiernudeln
2 EL Sonnenblumenöl
300 g Hähnchenbrustfilet, gekocht und in Streifen zerzupft
1 Knoblauchzehe, fein gehackt
1 rote Paprika, in dünnen Streifen
100 g Shiitake-Pilze, in Scheiben
6 Frühlingszwiebeln, in Ringen
100 g Bohnensprossen
3 EL Sojasauce
1 EL Sesamöl

Zubereitung

1 Die Nudeln zerbrechen und in eine Schüssel geben. Mit kochendem Wasser übergießen oder nach Packungsanleitung zubereiten. Abgießen, abtropfen lassen und beiseitestellen.

2 Einen Wok auf mittlerer Stufe vorheizen. Das Öl zugießen und erhitzen. Hühnerfleisch, Knoblauch, Paprika, Pilze, Frühlingszwiebeln und Bohnensprossen zugeben und etwa 5 Minuten pfannenrühren.

3 Die Nudeln in den Wok geben, mit den Zutaten gut vermengen und 5 Minuten braten. Sojasauce und Sesamöl über das Chow Mein träufeln und mit den Zutaten vermengen. Das fertige Gericht in vorgewärmte Schalen füllen und sofort servieren.

GEFLÜGEL

Gebratenes Huhn mit fünf Gewürzen

Für 4 Portionen   Vorbereitung: 20 Min.   Garzeit: 30 Min.

Zutaten

300 g frische Bohnensprossen
100 g Babymaiskolben
4 Hähnchenbrustfilets
2 EL Sesamöl
1 Knoblauchzehe, gehackt
3 Frühlingszwiebeln, in Ringe geschnitten, plus etwas mehr zum Garnieren
1 EL Speisestärke
2 EL Reiswein
1 EL Fünf-Gewürze-Pulver
1 EL frisch geriebene Ingwerwurzel
125 ml Hühnerbrühe

Zubereitung

1 Die Bohnensprossen abspülen und trocken tupfen, die Enden nach Belieben abschneiden. Die Babymaiskolben in dicke Scheiben schneiden. Die Hähnchenbrustfilets in etwa 1 cm dicke Streifen schneiden.

2 Einen Wok auf mittlerer Stufe erhitzen und das Öl hineingießen. Knoblauch und Frühlingszwiebeln darin 1 Minute pfannenrühren.

3 In einer kleinen Schüssel Speisestärke und Reiswein verrühren und in den Wok geben. 1 Minute pfannenrühren, dann Hähnchenfleisch, Fünf-Gewürze-Pulver, Ingwer und Hühnerbrühe zufügen und 4 Minuten garen. Den Babymais dazugeben und alles 1 weitere Minute kochen, bis das Hühnerfleisch gar ist.

4 Den Wok vom Herd nehmen, das Gericht mit Frühlingszwiebeln garnieren und sofort servieren.

GEFLÜGEL

Ente mit Chili & frittierten Schalotten

Für 2–4 Portionen Vorbereitung: 20 Min. plus Marinierzeit Garzeit: 15–20 Min.

Zutaten

2 Entenbrustfilets (à 250 g)

2 EL helle Sojasauce

3 EL thailändische Fischsauce

2 TL Erdnussöl

3 Knoblauchzehen, sehr fein gehackt

2-cm-Stück Galgant oder Ingwerwurzel, sehr fein gehackt

½–1 frischer roter Chili, entkernt und in feine Ringe geschnitten

3 EL Chili-Jam (im Feinkosthandel erhältlich) oder Tomaten-Chili-Relish

frisch gemahlener weißer Pfeffer

6 EL frisch gehackter Koriander, zum Garnieren

frisch gekochter Reis, zum Servieren

Frittierte Schalotten

125 g Schalotten, längs in dünne Streifen geschnitten

Erdnussöl, zum Frittieren

Zubereitung

1 Die Entenbrustfilets diagonal in feine Streifen schneiden und diese nebeneinander in eine flache Schüssel geben. Sojasauce und 2 Esslöffel Fischsauce darübergeben und gut vermengen. Die Schüssel abdecken und für 2–24 Stunden in den Kühlschrank stellen. Nach der Hälfte der Marinierzeit das Fleisch einmal wenden.

2 Für die frittierten Schalotten etwa 2,5 cm hoch Öl in einen Wok füllen und erhitzen. Die Schalottenstreifen zufügen und etwa 8–10 Minuten frittieren, bis sie goldbraun sind; dabei immer wieder mit einer Küchenzange wenden. Die Schalotten mit einem Schaumlöffel herausheben und auf Küchenpapier abtropfen lassen. (Sobald sie abkühlen, werden sie knusprig.) Das Öl aus dem Wok entfernen und diesen auswischen.

3 Das Erdnussöl im Wok erhitzen und das Entenfleisch samt Marinade zufügen. Knoblauch, Galgant und Chili einrühren und alles 3 Minuten braten.

4 Die Hitze reduzieren. Chili-Jam, restliche Fischsauce und frittierte Schalotten einrühren. Mit Pfeffer würzen und alles weitere 2 Minuten pfannenrühren. Bei Bedarf noch etwas Wasser zugießen, falls die Mischung zu trocken ist. Auf Serviertellern anrichten, mit Koriander garnieren und sofort servieren.

GEFLÜGEL

Zitronenpute mit Spinat

Für 4 Portionen   Vorbereitung: 20 Min. plus Marinierzeit   Garzeit: 7–10 Min.

Zutaten

500 g Putenbrust, in Streifen
1 EL Pflanzenöl
6 Schalotten, in dünnen Ringen
½ Zitrone, geschält und in dünnen Scheiben
1 Knoblauchzehe, fein gehackt
300 g Spinat, grob gehackt
3 EL frisch gehackte glatte Petersilie
frisch gekochte Pasta, zum Servieren

Marinade

1 EL Sojasauce
1 EL Weißweinessig
1 TL Speisestärke
1 TL fein abgeriebene Zitronenschale
½ TL frisch gemahlener schwarzer Pfeffer

Zubereitung

1. Für die Marinade Sojasauce, Essig, Speisestärke, Zitronenschale und Pfeffer in einer Schüssel gut vermengen. Das Putenfleisch gleichmäßig in der Marinade wenden. Mit Frischhaltefolie abgedeckt 30 Minuten im Kühlschrank marinieren.

2. Einen großen Wok oder eine große, schwere Pfanne vorheizen. Das Öl hineingießen und erhitzen. Die Putenstreifen mit der Marinade hineingeben und bei mittlerer Hitze 2–3 Minuten braten.

3. Schalotten, Zitronenscheiben und Knoblauch zufügen und 2–3 Minuten pfannenrühren. Spinat und Petersilie unterheben und garen, bis der Spinat zusammenfällt.

4. Den Wok vom Herd nehmen und das Fleisch mit dem Spinat über der Pasta verteilen. Mit Zitronenscheiben und Petersilienblättern garnieren und servieren.

GEFLÜGEL

Gebratener Reis mit Huhn

Für 4 Portionen   Vorbereitung: 15 Min.   Garzeit: 20 Min.

Zutaten

½ EL Sesamöl

6 Schalotten, geviertelt

450 g gegartes Hähnchenfleisch, gewürfelt

3 EL Sojasauce

2 Karotten, gewürfelt

1 Selleriestange, gewürfelt

1 rote Paprika, gewürfelt

200 g junge frische Erbsen

100 g Gemüsemais aus der Dose, abgetropft

300 g gekochter Langkornreis

2 große Eier, als Rührei gebraten

Zubereitung

1 Das Öl in einer großen Pfanne oder in einem Wok auf mittlerer Stufe erhitzen. Die Schalotten darin weich dünsten. Das Fleisch sowie 2 Esslöffel Sojasauce zufügen und 5–6 Minuten unter Rühren braten.

2 Karotten, Sellerie, Paprika, Erbsen und Mais zugeben und weitere 5 Minuten unter Rühren braten. Den Reis sorgfältig untermischen und heiß werden lassen.

3 Zuletzt Rührei und restliche Sojasauce unterheben. Sofort servieren.

GEFLÜGEL

Ingwerhühnchen mit Nudeln

Für 4 Portionen   Vorbereitung: 15 Min.   Garzeit: 10–12 Min.

Zutaten

2 EL Pflanzen- oder Erdnussöl

1 Zwiebel, in Ringe geschnitten

2 Knoblauchzehen, fein gehackt

5-cm-Stück Ingwerwurzel, in dünne Scheiben geschnitten

2 Karotten, in dünne Scheiben geschnitten

4 Hähnchenbrustfilets, gewürfelt

300 ml Hühnerbrühe

4 EL thailändische Sojasauce

250 g Bambussprossen aus dem Glas

75 g breite Reisnudeln

4 Frühlingszwiebeln, gehackt, zum Garnieren

4 EL frisch gehackter Koriander, zum Garnieren

Zubereitung

1 Das Öl in einem Wok erhitzen. Zwiebel, Knoblauch, Ingwer und Karotten darin 1–2 Minuten pfannenrühren. Das Hühnchenfleisch zugeben und 3–4 Minuten hellbraun braten und durchgaren.

2 Brühe, Sojasauce und Bambussprossen zugeben, alles aufkochen und 2–3 Minuten köcheln lassen.

3 Inzwischen die Nudeln in einer Schüssel mit kochendem Wasser übergießen und 6–8 Minuten ziehen lassen. Mit Frühlingszwiebeln und Koriander garnieren und sofort mit dem Hühnchenfleisch servieren.

Pute mit Cranberry-Sauce

Für 4 Portionen   Vorbereitung: 10–15 Min.   Garzeit: 10–12 Min.

Zutaten

500 g Putenbrustfilet

2 EL Sonnenblumenöl

15 g Ingwerpflaume, abgetropft und fein gehackt

50 g Cranberrys, frisch oder Tiefkühlware aufgetaut

100 g Maronen aus der Dose

4 EL Cranberry-Sauce

3 EL helle Sojasauce

Salz und Pfeffer

Zubereitung

1 Das Putenfleisch mit einem scharfen Messer in dünne Scheiben schneiden.

2 Einen großen Wok oder eine große, schwere Pfanne vorheizen. Das Sonnenblumenöl hineingießen und erhitzen. Das Putenfleisch darin 5 Minuten pfannenrühren, bis es gar ist.

3 Ingwer und Cranberrys in den Wok geben und 2–3 Minuten pfannenrühren, bis die Cranberrys weich geworden sind.

4 Maronen, Cranberry- und Sojasauce einrühren und mit Salz und Pfeffer abschmecken. 2–3 Minuten köcheln lassen.

5 Auf angewärmte Servierteller verteilen und sofort servieren.

GEFLÜGEL

Gebratenes Paprikahuhn

Für 4 Portionen Vorbereitung: 15 Min. plus Marinierzeit Garzeit: 10 Min.

Zutaten

350 g Hähnchenbrustfilet
2 TL Sojasauce
6 EL Hühnerbrühe
1 EL Austernsauce
4 EL Erdnussöl
1 TL fein gehackte Ingwerwurzel
1 große Knoblauchzehe, in dünne Scheiben geschnitten
4 Frühlingszwiebeln, weiße und grüne Teile getrennt, diagonal in 2 cm große Stücke geschnitten
½ EL weiße Pfefferkörner, zerstoßen
8 Babymaiskolben, diagonal halbiert
½ kleine rote Paprika, in dünne Streifen geschnitten
140 g Wasserkastanien aus der Dose, abgetropft
120 g Zuckererbsen

Marinade

2 TL Sojasauce
1 EL Speisestärke
1 EL chinesischer Reiswein oder trockener Sherry
¼ TL Salz

Zubereitung

1. Das Hähnchenfleisch in Würfel schneiden und in eine Schüssel geben. Die Zutaten für die Marinade vermengen und über das Fleisch gießen. Das Fleisch darin wenden und mindestens 15 Minuten marinieren.

2. Sojasauce, Brühe und Austernsauce in einer kleinen Schüssel vermischen und beiseitestellen.

3. Einen Wok auf hoher Stufe erhitzen und das Öl hineingießen. Das Hähnchenfleisch dazugeben und 3 Minuten pfannenrühren, bis es fast gar ist. Mit einem Schaumlöffel aus dem Wok heben und auf Küchenpapier abtropfen lassen.

4. Die Hitze allmählich reduzieren, dann Ingwer, Knoblauch, weiße Teile der Frühlingszwiebeln und Pfefferkörner in den Wok geben und einige Sekunden braten. Babymaiskolben, Paprika und Wasserkastanien zufügen und 2 Minuten pfannenrühren. Dann das Hähnchenfleisch wieder in den Wok geben. Zuckererbsen und Sojasaucenmischung dazugeben und 1–2 Minuten garen, bis die Sauce eingedickt und das Fleisch gar ist.

5. Mit den grünen Teilen der Frühlingszwiebeln bestreuen und noch einige Sekunden pfannenrühren. Sofort servieren.

GEFLÜGEL

Putenbrust mit Pilzen & Zucchini

Für 4 Portionen Vorbereitung: 15–20 Min. plus Marinierzeit Garzeit: 10–12 Min.

Zutaten

450 g Putenbrust
1 EL Sesamöl
125 g kleine Champignons, halbiert
1 grüne Paprika, in dünne Streifen geschnitten
1 Zucchini, in dünne Scheiben geschnitten
4 Frühlingszwiebeln, in je 4 Stücke geschnitten
120 g Bambussprossen aus der Dose, abgetropft
120 g Wasserkastanien, abgetropft und in Scheiben geschnitten
Zitronenspalten und frisch gekochter Reis, zum Servieren

Marinade

4 EL süßer Sherry
1 EL Zitronensaft
1 EL Sojasauce
2 TL frisch geriebene Ingwerwurzel
1 Knoblauchzehe, zerdrückt

Zubereitung

1 Das Putenfleisch in Würfel schneiden und in eine flache Schüssel legen. Die Zutaten für die Marinade verrühren, über das Fleisch gießen und vermengen. 3–4 Stunden marinieren.

2 Einen Wok auf hoher Stufe erhitzen und das Öl hineingießen. Das Putenfleisch mit einem Schaumlöffel aus der Marinade nehmen – die Marinade aufbewahren –, in den Wok geben und pfannenrühren, bis es bräunt. Das Fleisch aus dem Wok heben und beiseitestellen.

3 Pilze, Paprika und Zucchini in den Wok geben und 3 Minuten pfannenrühren. Die Frühlingszwiebeln hinzufügen und 1 Minute braten. Erst Bambussprossen und Wasserkastanien, dann das Putenfleisch mit der Hälfte der Marinade zugeben. Auf mittlerer Stufe 2–3 Minuten pfannenrühren, bis das Putenfleisch gar ist und die Zutaten gleichmäßig mit Sauce überzogen sind.

4 Auf vorgewärmten Tellern anrichten und sofort mit Zitronenspalten und frisch gekochtem Reis servieren.

GEFLÜGEL

Pute mit Hoisin-Sauce & Cashewkernen

Für 4 Portionen   Vorbereitung: 15–20 Min. plus Marinierzeit   Garzeit: 10–12 Min.

Zutaten

450 g Putenbrust

4 EL Erdnussöl

3 große Knoblauchzehen, in dünne Scheiben geschnitten

4 Frühlingszwiebeln, weiße und grüne Teile getrennt und diagonal in 2 cm große Stücke geschnitten

1 EL chinesischer Reiswein oder trockener Sherry

3 EL Hoisin-Sauce

4 EL Cashewkerne

Marinade

1 TL Speisestärke

1 EL chinesischer Reiswein oder trockener Sherry

¼ TL frisch gemahlener weißer Pfeffer

¼ TL Salz

½ Eiweiß, leicht verquirlt

2 TL Sesamsaat

Zubereitung

1 Das Putenfleisch in Würfel schneiden und in eine flache Schüssel legen. Für die Marinade Speisestärke und Reiswein zu einer Paste verrühren. Die restlichen Zutaten unterrühren, die Marinade über das Fleisch gießen und vermengen. 30 Minuten marinieren.

2 Einen Wok auf hoher Stufe erhitzen und 3 Esslöffel Erdnussöl hineingießen. Knoblauch und weiße Teile der Frühlingszwiebeln hineingeben und einige Sekunden pfannenrühren, damit das Öl das Zwiebelaroma aufnimmt. Das Putenfleisch zufügen und die Hitze etwas reduzieren. 2 Minuten pfannenrühren, bis das Fleisch goldbraun ist, dann mit dem Reiswein beträufeln. Mit einem Schaumlöffel herausheben und auf einen Teller legen.

3 Den Wok wieder auf hoher Stufe erhitzen, das restliche Erdnussöl hineingießen und den Wok schwenken, dann die Hoisin-Sauce einrühren. Die Putenmischung zurück in den Wok geben und 2–3 Minuten braten, bis das Fleisch gar ist, dabei mehrmals wenden.

4 Cashewkerne und grüne Teile der Frühlingszwiebeln einrühren. In eine vorgewärmte Schüssel füllen und servieren.

GEFLÜGEL

Hühnchen mit Gemüse & Korianderreis

Für 4 Portionen   Vorbereitung: 10–15 Min. plus Kühlzeit   Garzeit: 12–15 Min.

Zutaten

3 EL Pflanzen- oder Erdnussöl

1 rote Zwiebel, gehackt

2 Knoblauchzehen, gehackt

2,5-cm-Stück Ingwerwurzel, gehackt

2 Hähnchenbrustfilets, in Streifen geschnitten

120 g kleine Champignons

400 ml Kokosmilch

60 g Zuckererbsen, längs halbiert

1 EL thailändische Fischsauce

2 EL thailändische Sojasauce

1 rote Zwiebel, in Ringe geschnitten

350 g gekochter Reis, abgekühlt

250 g Pak Choi, grob zerzupft

1 Handvoll frisch gehackter Koriander

Zubereitung

1 2 Esslöffel Öl in einem Wok erhitzen. Zwiebel, Knoblauch und Ingwer darin 1–2 Minuten braten.

2 Fleisch und Champignons zugeben und bei starker Hitze rundum braun braten. Kokosmilch, Zuckererbsen, Fischsauce und 1 Esslöffel Sojasauce untermengen und kurz aufkochen. Bei schwacher Hitze köcheln lassen, bis das Fleisch gar ist.

3 Inzwischen das restliche Öl in einem zweiten Wok oder einer großen Pfanne erhitzen. Die Zwiebelringe darin weich dünsten, aber nicht bräunen.

4 Gekochten Reis, Pak Choi und Koriander untermengen und sanft erhitzen, bis die Pak-Choi-Blätter zusammenfallen. Mit der restlichen Sojasauce beträufeln und sofort mit dem Hühnchen servieren.

GEFLÜGEL

Hähnchen-Pilz-Pfanne

Für 4 Portionen   Vorbereitung: 15 Min.   Garzeit: 15–20 Min.

Zutaten

2 EL Pflanzen- oder Erdnussöl

2 Hähnchenbrustfilets

1 rote Zwiebel, in Ringe geschnitten

2 Knoblauchzehen, fein gehackt

2,5-cm-Stück Ingwerwurzel, gerieben

120 g kleine Champignons

120 g Shiitake-Pilze, halbiert

120 g braune Champignons, in Scheiben geschnitten

2–3 EL grüne Currypaste

2 EL thailändische Sojasauce

4 EL frisch gehackte Petersilie

frisch gekochte Nudeln oder Reis, zum Servieren

Zubereitung

1 Das Öl in einem Wok erhitzen, die Hähnchenbrustfilets zugeben und rundum anbräunen. Aus dem Wok auf einen Teller heben und in Streifen schneiden. Beiseitestellen.

2 Zwiebel, Knoblauch und Ingwer in den Wok geben und 1–2 Minuten unter Rühren dünsten. Die Pilze zufügen und 2–3 Minuten pfannenrühren, bis sie etwas anbräunen.

3 Currypaste, Sojasauce und Hähnchenfleisch einrühren und 1–2 Minuten unter Rühren garen. Zum Schluss die Petersilie unterrühren und sofort mit Nudeln oder Reis servieren.

Pikante Putenbruststreifen

Für 4 Portionen   Vorbereitung: 15 Min.   Garzeit: 8–10 Min.

Zutaten

500 g Putenbrustfilet
1 EL Paprikapulver
1 TL zerdrückte Koriandersamen
½ TL Knoblauchsalz
¼ TL Pfeffer
2 EL Olivenöl
1 rote Zwiebel, in Streifen
3 EL frisch gehackter Koriander
frisch gekochter Reis, zum Servieren

Zubereitung

1 Das Fleisch in lange, etwa 1 cm dicke Streifen schneiden.

2 Paprika, Koriander, Knoblauchsalz und Pfeffer in einer großen Schüssel mischen und mit 1 Esslöffel Öl verrühren. Die Fleischstreifen sorgfältig darin wenden.

3 Das restliche Öl in einer großen Pfanne oder einem Wok erhitzen. Die Zwiebel darin 1 Minute unter Rühren anbraten. Die Fleischstreifen zugeben und bei relativ starker Hitze 6–8 Minuten gar braten.

4 Mit dem gehackten Koriander bestreuen und sofort mit Reis servieren.

GEFLÜGEL

San Choi Bao

Für 2 Portionen   Vorbereitung: 15 Min.   Garzeit: 6 Min.

Zutaten

1 EL Pflanzen- oder Erdnussöl

100 g gekochtes Hühnerfleisch, in sehr kleinen Stücken

25 g Wasserkastanien, fein gehackt

1 TL fein gehackter Chinesischer Schnittlauch

25 g Pinienkerne, leicht geröstet

1 TL Salz

½ TL weißer Pfeffer

6 Salatblätter

3 TL Pflaumensauce

Zubereitung

1 Einen Wok vorheizen. Das Öl hineingießen und erhitzen. Das Fleisch darin 1 Minute unter Rühren anbraten. Wasserkastanien und Schnittlauch zufügen und 2 Minuten pfannenrühren. Die Pinienkerne 1 Minute mitgaren. Salzen und pfeffern.

2 Auf jedes Salatblatt 1 Esslöffel Fleischmischung geben und mit der Pflaumensauce beträufeln. Zu Röllchen formen und servieren.

Ingwerhuhn mit Sesam

Für 4 Portionen   Vorbereitung: 20 Min. plus Marinier- & Kühlzeit   Garzeit: 11–14 Min.

Zutaten

500 g Hähnchenbrustfilet, in Streifen
2 EL Erdnussöl
1 Porreestange, in feinen Ringen
1 Brokkoli, in kleinen Röschen
2 Karotten, in dünnen Scheiben
½ Blumenkohl, in kleinen Röschen
1 TL frisch geriebene Ingwerwurzel
5 EL Weißwein
2 EL Sesamsaat
1 EL Speisestärke
1 EL Wasser
frisch gekochter Reis, zum Servieren

Marinade
4 EL Sojasauce
4 EL Wasser

Zubereitung

1 Für die Marinade die Zutaten in einer Schüssel verrühren. Das Fleisch zugeben und in der Marinade wenden. Mit Frischhaltefolie abdecken und 1 Stunde zum Marinieren in den Kühlschrank stellen.

2 Die Hähnchenstücke mit einem Schaumlöffel aus der Marinade nehmen. Einen Wok auf mittlerer bis starker Stufe vorheizen. Das Öl zugießen und erhitzen. Das Fleisch zusammen mit dem Porree in den Wok geben. So lange pfannenrühren, bis das Fleisch Farbe angenommen hat und der Porree weich geworden ist.

3 Restliches Gemüse, Ingwer und Wein einrühren. Die Hitze reduzieren, den Wok abdecken und das Gericht 5 Minuten köcheln lassen. Den Sesam in eine Pfanne geben und ohne Fett kurz unter Rühren anrösten. Auf einen Teller geben und abkühlen lassen.

4 Die Speisestärke mit dem Wasser in einer Tasse verrühren. Die Mischung in den Wok geben und gut unterrühren. So lange köcheln lassen, bis die Flüssigkeit etwas eingedickt ist.

5 Das Gericht auf einem Reisbett anrichten, mit dem gerösteten Sesam bestreuen und heiß servieren.

GEFLÜGEL

Gebratene Pute mit Gemüse

Für 4 Portionen   Vorbereitung: 15 Min. plus Marinierzeit   Garzeit: 10–12 Min.

Zutaten

450 g Putenbrustfilet, in Streifen geschnitten

200 g Basmatireis

1 EL Pflanzenöl

1 Brokkoli, in Röschen zerteilt

2 kleine Pak Choi, in Blätter getrennt

1 rote Paprika, in dünne Streifen geschnitten

50 ml Hühnerbrühe

Salz

Marinade

1 EL Sojasauce

1 EL Honig

2 Knoblauchzehen, zerdrückt

Zubereitung

1 Für die Marinade Sojasauce, Honig und Knoblauch in einer Schüssel vermengen. Das Fleisch gleichmäßig in der Marinade wenden. Mit Frischhaltefolie abgedeckt 2 Stunden im Kühlschrank marinieren.

2 Den Reis in einem Topf mit leicht gesalzenem Wasser 10–12 Minuten kochen, bis er gar ist. Abgießen und warm halten.

3 In der Zwischenzeit einen Wok bei mittlerer bis starker Hitze vorheizen. Das Öl hineingießen und 1 Minute erhitzen. Das Fleisch hinzugeben und 3 Minuten pfannenrühren. Zur Garprobe ein Fleischstück in der Mitte einschneiden. Es darf nicht mehr rosa oder rot aussehen, und der austretende Fleischsaft sollte klar und dampfend heiß sein.

4 Das Fleisch mit einem Schaumlöffel herausnehmen, beiseitestellen und warm halten. Dann Brokkoli, Pak Choi und Paprika in den Wok geben und 2 Minuten pfannenrühren.

5 Die Brühe zugießen und das Gemüse weitere 2 Minuten pfannenrühren. Es sollte noch bissfest sein.

6 Das Fleisch zurück in den Wok geben und kurz erhitzen. Sofort mit dem Reis servieren.

GEFLÜGEL

Sieben-Gewürze-Huhn mit Zucchini

Für 4 Portionen   Vorbereitung: 15 Min. plus Marinierzeit   Garzeit: 10–12 Min.

Zutaten

1 EL Erdnussöl

1 Knoblauchzehe, fein gehackt

2,5-cm-Stück Ingwerwurzel, fein gehackt

1 kleiner frischer roter Chili, entkernt und fein gehackt

350 g Hähnchenbrustfilet, in dünne Streifen geschnitten

1 EL Sieben-Gewürze-Pulver

1 rote Paprika, in Streifen geschnitten

1 gelbe Paprika, in Streifen geschnitten

2 Zucchini, in dünne Scheiben geschnitten

225 g Bambussprossen aus der Dose, abgetropft

2 EL trockener Sherry oder Apfelsaft

1 EL helle Sojasauce

2 EL frisch gehackter Koriander, plus etwas mehr zum Garnieren

Salz und Pfeffer

Zubereitung

1 Einen Wok auf mittlerer Stufe erhitzen und das Öl hineingießen. Knoblauch, Ingwer und Chili zufügen und 30 Sekunden pfannenrühren, bis sich die Aromastoffe entfalten.

2 Hähnchenfleisch und Sieben-Gewürze-Pulver in den Wok geben und etwa 4 Minuten braten, bis das Fleisch goldbraun ist. Rote Paprika, gelbe Paprika und Zucchini hinzufügen und 1–2 Minuten pfannenrühren, bis das Gemüse fast weich ist.

3 Die Bambussprossen dazugeben und alles weitere 2–3 Minuten garen, bis das Hähnchenfleisch zart ist. Sherry und Sojasauce zugießen, mit Salz und Pfeffer abschmecken und 1–2 Minuten garen.

4 Den Koriander einrühren, mit zusätzlichem Koriander garnieren und sofort servieren.

GEFLÜGEL

Puten-Teriyaki

Für 4 Portionen · Vorbereitung: 20 Min. plus Kühl- & Marinierzeit Garzeit: 10–12 Min.

Zutaten

450 g Putenschnitzel, in Streifen

3 EL Erdnussöl

1 kleine gelbe Paprika, in dünnen Streifen

8 Frühlingszwiebeln, diagonal in 2,5 cm großen Stücken

frisch gekochter Reis, zum Servieren

Teriyaki-Glasur

5 EL Shoyu (japanische Sojasauce)

5 EL Mirin (japanische Würzsauce)

2 EL flüssiger Honig

1 TL fein gehackte frische Ingwerwurzel

Zubereitung

1. Die Zutaten für die Glasur in einen kleinen Topf geben und bei kleiner bis mittlerer Hitze rühren, bis sich der Honig aufgelöst hat. Den Topf vom Herd nehmen und die Glasur etwas abkühlen lassen.

2. Die Putenstreifen in eine große, flache Form geben, mit der Glasur übergießen und darin wenden. Bei Zimmertemperatur 30 Minuten oder im Kühlschrank über Nacht marinieren.

3. Die Putenstreifen mit einem Schaumlöffel herausnehmen und gut abtropfen lassen. Die Glasurmarinade aufbewahren.

4. Einen Wok auf mittlerer bis starker Stufe vorheizen, dann das Öl hineingießen und erhitzen. Die Putenstreifen darin 2 Minuten unter Rühren braten. Paprika und Frühlingszwiebeln hinzufügen und 1 Minute pfannenrühren. Mit der Glasurmarinade ablöschen und alles zum Kochen bringen. Die Hitze etwas reduzieren und 3–4 Minuten köcheln lassen, bis die Putenstreifen gar sind.

5. Fleisch und Gemüse mit einem Schaumlöffel in eine vorgewärmte Servierform füllen. Die im Wok verbliebene Sauce einkochen, bis sie eine sirupartige Konsistenz hat, dann über das Gericht gießen. Sofort mit frisch gekochtem Reis servieren.

GEFLÜGEL

Ente mit Erbsen

Für 4–6 Portionen Vorbereitung: 10–15 Min. plus Marinierzeit Garzeit: 15 Min.

Zutaten

450 g Entenbrustfilet ohne Haut

3 EL Erdnussöl

6 große Frühlingszwiebeln, weiße und grüne Teile getrennt, diagonal in 2 cm langen Stücken

1 TL fein gehackte frische Ingwerwurzel

300 g Zuckererbsen, diagonal halbiert

150 g Erbsen, Tiefkühlware aufgetaut

3 EL ganze Mandeln, längs halbiert

60 g frische Bohnensprossen

frisch gekochte asiatische Nudeln, zum Servieren

Marinade

1 EL hellbrauner Zucker

3 EL warmes Wasser

1–2 frische rote Chilis, entkernt und sehr fein gehackt

1 EL Sojasauce

1 TL thailändische Fischsauce

3 EL Limettensaft

Zubereitung

1 Die Zutaten für die Marinade in einer Schüssel verrühren, bis sich der Zucker aufgelöst hat. Die Entenbrustfilets in mundgerechte Stücke schneiden und in der Marinade wenden. Bei Zimmertemperatur 30 Minuten oder im Kühlschrank über Nacht marinieren.

2 Einen Wok auf starker Stufe vorheizen, dann das Öl hineingeben und erhitzen. Weiße Frühlingszwiebelstücke und Ingwer einige Sekunden darin anbraten. Entenbruststücke samt Marinade zugeben und etwa 5 Minuten unter Rühren mitbraten. Wenn die Marinade etwas eingekocht ist, die Erbsen zugeben und weitere 2–3 Minuten pfannenrühren.

3 Mandeln, Bohnensprossen und grüne Frühlingszwiebelstücke untermischen und einige Sekunden erhitzen. Sofort mit den frisch gekochten Nudeln servieren.

GEFLÜGEL

Pute auf asiatische Art mit Kaffeeglasur

Für 4–6 Portionen Vorbereitung: 15 Min. plus Marinierzeit Garzeit: 6–10 Min.

Zutaten

400 g Putenbrustfilet, in dünnen Streifen
1 TL frisch geriebene Ingwerwurzel
2 Knoblauchzehen, zerdrückt
1 TL Fünf-Gewürze-Pulver
4 TL Sesamöl
4 EL kalter, starker schwarzer Kaffee
4 EL Teriyaki-Sauce
2 EL flüssiger Honig
2 EL Reisweinessig
2 TL Speisestärke
6 Frühlingszwiebeln, in Ringen
1 rote Paprika, in dünnen Streifen
1 gelbe Paprika, in dünnen Streifen
Salz und Pfeffer
frisch gekochte asiatische Eiernudeln, zum Servieren

Zubereitung

1 Das Putenfleisch mit Ingwer, Knoblauch, Fünf-Gewürze-Pulver und der Hälfte des Öls in eine flache, nicht metallene Form geben. Gut vermengen, abdecken und 1 Stunde bei Zimmertemperatur marinieren.

2 Kaffee, Teriyaki-Sauce, Honig, Essig und Speisestärke in einer Schüssel glatt rühren. Abdecken und beiseitestellen.

3 Das verbliebene Öl in einem großen Wok auf hoher Stufe sehr stark erhitzen. Das Fleisch aus der Marinade heben, in den Wok geben und bei hoher Hitze 3–4 Minuten pfannenrühren, bis es angebräunt ist. Frühlingszwiebeln sowie rote und gelbe Paprika hinzufügen und weitere 1–2 Minuten pfannenrühren.

4 Die Kaffeemischung eingießen und nochmals 1–2 Minuten pfannenrühren, bis die Sauce eindickt und Fleisch und Gemüse von der Marinade umzogen sind. Mit Salz und Pfeffer nach Geschmack würzen und sofort mit Nudeln servieren.

GEFLÜGEL

Hähnchen mit Cashewkernen

Für 4 Portionen Vorbereitung: 15 Min. plus Einweich- & Marinierzeit Garzeit: 10 Min.

Zutaten

3 EL Sojasauce

1 TL chinesischer Reiswein

1 Prise Zucker

½ TL Salz

450 g Hähnchenfleisch, in mundgerechte Stücke geschnitten

3 getrocknete chinesische Pilze, 20 Minuten in warmem Wasser eingeweicht

2 EL Pflanzen- oder Erdnussöl

4 Scheiben frische Ingwerwurzel

1 TL fein gehackter Knoblauch

1 rote Paprika, in 2,5 cm große Stücke geschnitten

80 g Cashewkerne, geröstet

Zubereitung

1 2 Esslöffel Sojasauce, Reiswein, Zucker und Salz in einer Schüssel verrühren und das Hähnchenfleisch mindestens 20 Minuten darin marinieren.

2 Die Pilze so gut wie möglich ausdrücken und in feine Streifen schneiden. Harte Stiele abtrennen. Das Einweichwasser aufbewahren.

3 1 Esslöffel Öl in einem vorgeheizten Wok erhitzen und den Ingwer darin unter Rühren anbraten, bis er zu duften beginnt. Hähnchenfleisch samt Marinade zufügen und unter Rühren 2 Minuten anbräunen. Bevor das Fleisch ganz durchgegart ist, aus dem Wok nehmen.

4 Den Wok mit Küchenpapier auswischen. Das restliche Öl erhitzen und den Knoblauch darin schwenken, bis er zu duften beginnt. Pilze und Paprika zugeben und 1 Minute pfannenrühren.

5 Etwa 2 Esslöffel Pilz-Einweichwasser zugeben und weitere 2 Minuten garen, bis das Wasser verdampft ist.

6 Das Hähnchenfleisch mit der restlichen Sojasauce und den Cashewkernen wieder in den Wok geben und 2 Minuten pfannenrühren, bis das Fleisch durchgegart ist. In Servierschalen füllen und sofort servieren.

GEFLÜGEL

Nasi Goreng

Für 2 Portionen   Vorbereitung: 15 Min.   Garzeit: 15–20 Min.

Zutaten

250 ml Wasser oder Hühnerbrühe

100 g Basmatireis

2 TL Pflanzen- oder Erdnussöl

1 kleines Ei, verquirlt

100 g Putenschnitzel, in dünne Streifen geschnitten

1 Karotte, in dünne Streifen geschnitten

4 Frühlingszwiebeln, gehackt

2 Knoblauchzehen, zerdrückt

1 frischer roter Chili, entkernt und gehackt

100 g gekochte Garnelen, ausgelöst und Darmfaden entfernt

50 g frische Bohnensprossen

2 TL Sojasauce

1 Prise Zucker

Zubereitung

1 Das Wasser in einem Topf zum Kochen bringen und den Reis hineingeben. Aufkochen, dann bei geringer Hitze zugedeckt etwa 10–15 Minuten ziehen lassen, bis der Reis fast gar ist und das Wasser aufgesogen hat.

2 Unterdessen 1 Teelöffel Öl in einer kleinen Pfanne erhitzen und das Ei hineingeben. So lange schwenken, bis es den Boden der Pfanne bedeckt. Sobald das Ei gestockt und gar ist, das fertige Omelett auf einen Teller gleiten lassen. In Streifen schneiden.

3 Wenn der Reis fast gar ist, das restliche Öl in einem Wok erhitzen. Das Putenfleisch zugeben und 1 Minute anbraten. Karotte, Frühlingszwiebeln, Knoblauch und Chili zufügen und 2 Minuten mitbraten.

4 Die Hitze reduzieren. Reis, Garnelen, Bohnensprossen, Sojasauce und Zucker in den Wok geben und 1–2 Minuten unter vorsichtigem Rühren weitergaren lassen. Falls die Mischung anzubacken beginnt, noch etwas Wasser oder Brühe zugeben. Zum Schluss die Omelettstreifen darauf verteilen und sofort servieren.

GEFLÜGEL

Hähnchen mit Shiitake-Pilzen

Für 4–6 Portionen Vorbereitung: 15 Min. Garzeit: 10–12 Min.

Zutaten

2 EL Pflanzenöl

700 g Hähnchenbrustfilet, in 2,5 cm großen Stücken

1 TL frisch geriebene Ingwerwurzel

3 Karotten, in dünnen Scheiben

2 Zwiebeln, in dünnen Ringen

100 g Bohnensprossen

250 g frische Shiitake-Pilze, in dünnen Scheiben

3 EL frisch gehackter Koriander

gekochte Reisnudeln, zum Servieren

Sauce

175 g Zucker

225 ml Sojasauce

1 TL asiatisches Fünf-Gewürze-Pulver

225 ml süßer Sherry

Zubereitung

1 Für die Sauce Zucker, Sojasauce, Fünf-Gewürze-Pulver und Sherry in einer Schüssel gut verrühren und beiseitestellen.

2 Einen Wok oder eine schwere Pfanne auf mittlerer Stufe vorheizen. Das Öl hineingießen und erhitzen. Das Fleisch darin 2 Minuten pfannenrühren, den Ingwer zugeben und unter ständigem Rühren 1 Minute garen. Die Sauce zugießen und weitere 2 Minuten kochen.

3 Nacheinander Karotten, Zwiebeln, Bohnensprossen, Pilze und Koriander zugeben. Nach jeder Zugabe gut durchrühren.

4 Wenn die Sauce eingedickt ist, das Gericht auf vorgewärmte Servierschalen verteilen und sofort mit frisch gekochten Reisnudeln servieren.

Knusprig-scharfes Putenfleisch

Für 4 Portionen   Vorbereitung: 20 Min. plus Marinierzeit   Garzeit: 8–10 Min.

Zutaten

450 g Putenbrustfilet

2 EL thailändische Fischsauce

2 EL helle Sojasauce

Erdnussöl, zum Frittieren

40 g Erdnüsse, grob gehackt

4 EL frisch gehacktes Thai-Basilikum und Limettenspalten, zum Garnieren

frisch gekochte Eiernudeln mit Frünlingszwiebeln garniert, zum Servieren

Würzpaste

2 TL Koriandersamen

1 TL Kreuzkümmelsamen

2 TL weiße Pfefferkörner

Samen von 3 grünen Kardamonkapseln

1 TL Zucker

1–2 frische rote Chilis, entkernt und fein gehackt

2 Knoblauchzehen, fein gehackt

Zubereitung

1 Für die Würzpaste die Koriandersamen in einer Pfanne etwa 2 Minuten trockenrösten, bis sie anfangen zu springen. In einen Mörser geben. Nun die Kreuzkümmelsamen etwa 30 Sekunden in der Pfanne trocken rösten, bis sie anfangen zu duften. Ebenfalls in den Mörser geben und zusammen mit den restlichen Zutaten zu einer Paste verarbeiten.

2 Die Putensteaks vorsichtig mit einem Fleischklopfer bearbeiten, bis sie etwa 5 mm dick sind. Dann das Fleisch gegen die Faser in ½ cm x 4 cm große Streifen schneiden und in eine flache Schüssel geben. Die Würzpaste zugeben und mit dem Fleisch vermengen. Fisch- und Sojasauce zufügen und erneut gut verrühren. Die Schüssel abdecken und bei Raumtemperatur 20 Minuten marinieren.

3 2,5 cm hoch Öl in einen Wok füllen und erhitzen. Die Putenstreifen hineingeben und 4 Minuten frittieren, bis sie anbräunen; dabei mehrmals mit einer Metallzange wenden. Die Erdnüsse zufügen und alles 1 weitere Minute frittieren.

4 Fleisch und Erdnüsse mit einem Schaumlöffel aus dem Wok auf Küchenpapier heben und abtropfen lassen. Dann in eine vorgewärmte Servierschale geben und das Basilikum darüberstreuen. Mit Limettenspalten garnieren und sofort servieren.

GEFLÜGEL

Warmer Hähnchen-Gemüse-Salat

Für 4 Portionen   Vorbereitung: 20 Min. plus Marinierzeit   Garzeit: 8–10 Min.

Zutaten

4 Hähnchenbrustfilets

1 EL Pflanzen- oder Erdnussöl

1 Zwiebel, in Ringe geschnitten

2 Knoblauchzehen, gehackt

120 g Babymaiskolben, halbiert

120 g Zuckererbsen, längs halbiert

1 rote Paprika, in Streifen geschnitten

7,5-cm-Stück Salatgurke, geschält, entkernt und in Streifen geschnitten

4 EL Sojasauce

1 EL Palmzucker oder hellbrauner Zucker

einige Thai-Basilikumblätter

175 g dünne chinesische Nudeln

Marinade

4 Frühlingszwiebeln, gehackt

2,5-cm-Stück Ingwerwurzel, fein gehackt

2 Knoblauchzehen, zerdrückt

2 EL Pflanzen- oder Erdnussöl

Zubereitung

1 Das Fleisch in 2,5 cm große Würfel schneiden. Für die Marinade Frühlingszwiebeln, Ingwer, Knoblauch und Öl in einer flachen Schüssel mischen und das Fleisch zufügen. Alles gut vermengen, abdecken und mindestens 3 Stunden im Kühlschrank marinieren. Das Fleisch aus der Marinade nehmen und beiseitestellen.

2 Einen Wok vorheizen. Das Öl hineingießen und erhitzen. Zwiebel und Knoblauch 1–2 Minuten darin braten, dann das restliche Gemüse mit Ausnahme der Gurke zugeben. Alles 2–3 Minuten braten, bis das Gemüse gerade weich ist. Gurke, 2 Esslöffel Sojasauce, Zucker und Basilikum zugeben und vorsichtig unterheben.

3 Die Nudeln 2–3 Minuten in Wasser einweichen oder nach Packungsanweisung zubereiten und abtropfen lassen. Mit der restlichen Sojasauce beträufeln und auf 4 Teller verteilen. Das Gemüse darübergeben.

4 Gegebenenfalls noch etwas Öl in den Wok geben und die Fleischwürfel bei starker Hitze rundum braun braten. Auf dem Gemüsesalat anrichten und heiß oder lauwarm servieren.

GEFLÜGEL

Hähnchen süßsauer

Für 4 Portionen · Vorbereitung: 15 Min. plus Marinierzeit · Garzeit: 15–20 Min.

Zutaten

500 g Hähnchenbrustfilet, gewürfelt
5 EL Pflanzen- oder Erdnussöl
½ TL zerdrückter Knoblauch
½ TL fein gehackte Ingwerwurzel
1 grüne Paprika, in Stücken
1 Zwiebel, grob gehackt
1 Karotte, in dünnen Scheiben
1 TL Sesamöl
1 EL fein gehackte Frühlingszwiebel
frisch gekochter Reis, zum Servieren

Marinade

2 TL helle Sojasauce
1 TL chinesischer Reiswein
1 Prise weißer Pfeffer
½ TL Salz
1 Spritzer Sesamöl

Sauce

120 ml Reisessig
4 EL Zucker
2 TL helle Sojasauce
6 EL Tomatenketchup

Zubereitung

1 Für die Marinade alle Zutaten in einer Schüssel verrühren, das Fleisch zugeben und mindestens 20 Minuten marinieren.

2 Für die Sauce den Essig in einem Topf erhitzen. Zucker, Sojasauce und Ketchup zugeben und so lange rühren, bis sich der Zucker aufgelöst hat. Beiseitestellen.

3 Einen Wok vorheizen. 3 Esslöffel Öl hineingießen und erhitzen. Das Fleisch darin unter Rühren braten, bis es goldbraun ist. Aus dem Wok nehmen und beiseitestellen. Den Wok mit Küchenpapier sauber auswischen.

4 Das restliche Öl im sauberen Wok erhitzen. Knoblauch und Ingwer darin schwenken, bis sie zu duften beginnen. Das Gemüse zufügen und unter Rühren 2 Minuten braten. Das Fleisch wieder in den Wok geben und 1 Minute erhitzen. Sauce und Sesamöl unterrühren. Die Frühlingszwiebel zufügen und sofort mit Reis servieren.

GEFLÜGEL

Ente mit Mais & Ananas

Für 4 Portionen   Vorbereitung: 15 Min.   Garzeit: 25 Min.

Zutaten

4 Entenbrüste, ohne Haut und in dünnen Scheiben
1 EL Chiliöl
200 g Perlzwiebeln, geschält
2 Knoblauchzehen, zerdrückt
100 g Babymaiskolben
175 g Ananasstücke aus der Dose
6 Frühlingszwiebeln, in Ringen
100 g Bohnensprossen
2 EL Pflaumensauce

Beize

1 TL Fünf-Gewürze-Pulver
1 EL Speisestärke

Zubereitung

1 Für die Beize Fünf-Gewürze-Pulver und Speisestärke in einer großen Schüssel vermengen. Die Fleischscheiben gleichmäßig in der Gewürz-Stärke-Mischung wenden.

2 Einen Wok vorheizen. Das Öl hineingießen und erhitzen. Das Fleisch darin 10 Minuten unter Rühren knusprig braten. Herausnehmen und beiseitestellen.

3 Zwiebeln und Knoblauch in den Wok geben und 5 Minuten braten. Den Mais zugeben und 5 Minuten pfannenrühren. Ananas, Frühlingszwiebeln und Bohnensprossen zufügen. Alles weitere 3–4 Minuten pfannenrühren. Dann die Pflaumensauce unterrühren.

4 Das Fleisch wieder in den Wok geben und gut mit den anderen Zutaten vermengen. In vorgewärmten Schalen anrichten und sofort servieren.

Variation

Sie können die Ananasstücke auch durch dieselbe Menge an klein geschnittenen Kumquats ersetzen.

GEFLÜGEL

FISCH & MEERESFRÜCHTE

MIESMUSCHELN IN ZITRONENGRASSUD

GEBRATENE GARNELEN MIT PAK CHOI

GEBRATENER THUNFISCH AUF SALATBETT

KREBS MIT CHILI, PAK CHOI & SCHWARZEN BOHNEN

GEBRATENER EIERREIS MIT GARNELEN & PAPRIKA

GEBRATENE JAKOBSMUSCHELN

BRATREIS MIT MEERESFRÜCHTEN

GARNELENNUDELN

SEETEUFEL MIT BROKKOLI AUF THAILÄNDISCHE ART

THUNFISCHSTEAKS MIT FÜNF-GEWÜRZE-PULVER

TINTENFISCHRINGE & GARNELEN MIT INGWER

GEBRATENER FISCH MIT PINIENKERNEN

JAKOBSMUSCHELN IN SCHWARZER-BOHNEN-SAUCE

VENUSMUSCHELN IN SCHWARZER-BOHNEN-SAUCE

GARNELEN MIT ZUCKERERBSEN & CASHEWKERNEN

UDON-NUDELN MIT PILZEN & INGWER

SEETEUFEL MIT OKRA AUF INDISCHE ART

CHILIGARNELEN MIT KNOBLAUCHNUDELN

TINTENFISCH MIT INGWERSTREIFEN

WOLFSBARSCH MIT GEMÜSE

SESAMNUDELN MIT GARNELEN

SCHARFE MEERESFRÜCHTEPFANNE

SEETEUFEL AUS DEM WOK

FRISCHE KREBSE MIT INGWER

TINTENFISCH MIT BOHNENSAUCE

GARNELEN MIT INGWER & AUSTERNPILZEN

GEBRATENE REISNUDELN MIT MARINIERTEM FISCH

MAKRELE MIT INGWER

Miesmuscheln in Zitronengrassud

Für 4 Portionen   Vorbereitung: 20 Min.   Garzeit: 20 Min.

Zutaten

2 Schalotten, gehackt

2 Zitronengrasstängel, die faserigen äußeren Blätter entfernt und flach geklopft

4 dünne Scheiben Thai-Ingwer oder Ingwerwurzel

2 Knoblauchzehen, gehackt

1 kleine Tomate, gehackt

300 ml trockener Weißwein

900 g Miesmuscheln, abgebürstet und Bärte entfernt

40 g Butter

2 EL frisch gehackter Koriander

Salz und Pfeffer

Zubereitung

1. Schalotten, Zitronengras, Thai-Ingwer, Knoblauch und Tomate in einen großen Wok mit Deckel geben. Den Wein hineingießen, mit Salz und Pfeffer würzen und aufkochen. Die Hitze allmählich reduzieren und alles 5 Minuten köcheln lassen.

2. Alle Muscheln, die eine beschädigte Schale haben oder sich bei Antippen mit einem Messer nicht schließen, wegwerfen. Die restlichen Muscheln in den Wok geben, den Deckel aufsetzen und alles 5 Minuten kochen, bis sich die Muschelschalen geöffnet haben; dabei den Wok gelegentlich rütteln. Alle Muscheln, die sich nicht geöffnet haben, aussortieren und wegwerfen.

3. Die Muscheln in einem Sieb über einer Schüssel abtropfen lassen. Die aufgefangene Flüssigkeit in einen kleinen Wok gießen. Bei niedriger Hitze einige Minuten köcheln lassen, dann die Butter einrühren und mit Salz und Pfeffer abschmecken.

4. Die Miesmuscheln auf vorgewärmte Suppenschalen verteilen. Den Sud darübergießen, mit dem Koriander bestreuen und sofort servieren.

Variation

Sie können einen Teil der Muscheln durch eine Mischung tiefgefrorener Meeresfrüchte ersetzen. Diese in Schritt 2 in den Wok geben und mit den Muscheln garen.

FISCH & MEERESFRÜCHTE

Gebratene Garnelen mit Pak Choi

Für 4 Portionen   Vorbereitung: 15 Min.   Garzeit: 10 Min.

Zutaten

1 EL Erdnussöl

2 TL Sesamöl

4 Frühlingszwiebeln, in feinen Ringen

2 Knoblauchzehen, fein gehackt

1 roter Chili, entkernt (nach Belieben) und fein gehackt

1 EL frisch geriebene Ingwerwurzel

500 g rohe Garnelen, ausgelöst und Darmfaden entfernt

200 g Pak Choi, grob gehackt

2 EL Teriyaki-Sauce

frisch gekochte Eiernudeln, zum Servieren

Zubereitung

1 Einen Wok auf hoher Stufe erhitzen, dann Erdnuss- und Sesamöl hineingießen. Den Wok schwenken, um die Seiten mit dem Öl zu benetzen. Frühlingszwiebeln, Knoblauch, Chili und Ingwer hinzufügen und bei mittlerer bis hoher Hitze 3 Minuten pfannenrühren.

2 Die Garnelen zugeben und 3 Minuten braten, dann Pak Choi und Teriyaki-Sauce zufügen. Unter Rühren 2 Minuten garen, bis die Garnelen rosa und zart und die Zutaten mit der Sauce gut vermengt sind.

3 Sofort mit Eiernudeln servieren.

Gebratener Thunfisch auf Salatbett

Für 4 Portionen   Vorbereitung: 20 Min.   Garzeit: 7–10 Min.

Zutaten

175 g Bohnensprossen

10-cm-Stück Salatgurke

20 g frische Korianderblätter

20 g frische Minzeblätter

1 EL Sesamöl, plus einige Tropfen mehr zum Beträufeln

1 EL Erdnussöl

450 g frischer Thunfisch, in 2,5 cm große Stücke geschnitten

Salz

2 EL gesalzene geröstete Erdnüsse, gehackt, zum Garnieren

Dressing

2 TL Rapsöl

1 TL gehackte Ingwerwurzel

½–1 kleiner frischer roter Chili, entkernt und fein gehackt

4 EL helle Sojasauce

1 EL thailändische Fischsauce

1 EL Tamarindenpaste

6 EL Rohrzucker

Zubereitung

1 Für das Dressing einen kleinen Wok auf hoher Stufe erhitzen und das Öl hineingießen. Ingwer und Chili dazugeben und einige Sekunden pfannenrühren. Sojasauce, Fischsauce und Tamarindenpaste zufügen und 30 Sekunden garen, dann den Zucker hineingeben und pfannenrühren, bis er sich vollständig aufgelöst hat. Den Wok vom Herd nehmen und beiseitestellen.

2 Die Bohnensprossen mit kochendem Wasser übergießen und abtropfen lassen. Mit Küchenpapier trocken tupfen. Die Gurke schälen, längs halbieren, entkernen und diagonal in dünne Scheiben schneiden.

3 Bohnensprossen, Gurke, Koriander und Minze in eine Schüssel geben. Mit 1 Prise Salz und einigen Tropfen geröstetem Sesamöl würzen. Alles gut vermischen und auf Servierteller verteilen.

4 Einen Wok auf hoher Stufe erhitzen, Sesam- und Erdnussöl hineingießen. Den Thunfisch darin kurz braten, bis die Fischstücke außen gebräunt, in der Mitte aber noch leicht rot sind; dabei mit einer Zange wenden. Die Thunfischstücke auf den Salatblättern anrichten.

5 Das Dressing wieder erhitzen – falls notwendig, mit 1 Esslöffel Wasser verdünnen – und über den Thunfisch gießen. Mit den gehackten Erdnüssen bestreuen und sofort servieren.

FISCH & MEERESFRÜCHTE

Krebs mit Chili, Pak Choi & schwarzen Bohnen

Für 4 Portionen   Vorbereitung: 25 Min.   Garzeit: 15–20 Min.

Zutaten

2 gekochte Taschenkrebse (à 1 kg)

2 EL Schwarze-Bohnen-Sauce mit Knoblauch

2,5-cm-Stück Ingwerwurzel, gerieben

1½ EL Reiswein

¼ TL Salz

1 EL Speisestärke

200 ml Hühnerbrühe

1 TL Palmzucker

½ EL Ketjap Manis (indonesische Sojasauce)

½ TL frisch gemahlener schwarzer Pfeffer

8 EL Erdnussöl

2 Schalotten, fein gehackt

2 frische rote Chilis, entkernt und in dünne Ringe geschnitten

2 große Knoblauchzehen, in sehr dünne Scheiben geschnitten

3–4 Pak Choi (insgesamt 300 g), Stiele in kleine Würfel, Blätter in breite Streifen geschnitten

1 kleine Handvoll frische Korianderblätter, grob gehackt

Zubereitung

1 Scheren und Beine von den Krebsen abdrehen, die Scheren an den Zangengelenken durchtrennen. Die Panzer von Scheren und Beinen mit einem kleinen Hammer aufbrechen, ohne das Krebsfleisch zu zerdrücken. Die Unterseite des Körperpanzers abnehmen. Das Fleisch auslösen, dabei graue Kiemen, Magensack und bräunliche Rückstände wegwerfen.

2 Schwarze-Bohnen-Sauce mit Ingwer, Reiswein und Salz vermischen. Die Speisestärke mit 2 Esslöffeln Brühe zu einer glatten Paste verrühren. Die restliche Brühe mit Zucker, Ketjap Manis und Pfeffer vermengen.

3 Einen großen Wok mit Deckel auf hoher Stufe erhitzen. 6 Esslöffel Öl hineingießen und heiß werden lassen, bis das Öl fast raucht. Das Krebsfleisch dazugeben und 2–3 Minuten braten, dabei mit einem Holzlöffel wenden. Aus dem Wok nehmen, auf Küchenpapier abtropfen lassen und warm stellen.

4 Die Hitze auf mittlere Stufe reduzieren. Das restliche Öl in den Wok gießen, dann Schalotten, Chilis und Knoblauch dazugeben und 1–2 Minuten braten, aber nicht braun werden lassen. Schwarze-Bohnen-Mischung und Brühemischung einrühren und aufkochen. Die Speisestärkepaste zufügen und 30 Sekunden garen, bis die Sauce eindickt.

FISCH & MEERESFRÜCHTE

5 Die Pak-Choi-Stiele dazugeben und 1 Minute garen. Die Pak-Choi-Blätter hineingeben und alles weitere 2 Minuten garen, bis die Stiele weich werden und die Blätter leicht bräunen.

6 Das Krebsfleisch zurück in den Wok geben und alles gut vermischen. Den Wok abdecken und alles 2–3 Minuten garen, bis es heiß ist. Das Gericht in eine große vorgewärmte Schüssel füllen, mit dem Koriander bestreuen und sofort servieren.

Gebratener Eierreis mit Garnelen & Paprika

Für 4 Portionen   Vorbereitung: 20 Min. plus Kühlzeit   Garzeit: 30–35 Min.

Zutaten

225 g Jasminreis

1 EL Pflanzen- oder Erdnussöl

2 Frühlingszwiebeln, fein gehackt

2 Eier, verquirlt

1 Handvoll frischer Koriander, gehackt, plus einige Stängel zum Garnieren

Garnelen & Paprika

50 g schnittfeste Kokoscreme

150 ml kochendes Wasser

4 EL Pflanzen- oder Erdnussöl

2 frische rote Chilis, entkernt und grob gehackt

6 Frühlingszwiebeln, fein gehackt

350 g gekochte Garnelen, ausgelöst und Darmfaden entfernt

Saft von ½ Zitrone

6 frische Thai-Basilikumblätter, zerkleinert

1 EL thailändische Fischsauce

1 rote Paprika, in Streifen geschnitten

Zubereitung

1. In einem großen Topf leicht gesalzenes Wasser zum Kochen bringen, den Reis hineingeben und 12–15 Minuten garen, bis er weich ist. Unter fließend kaltem Wasser abspülen, mit einer Gabel auflockern und vollständig auskühlen lassen.

2. Einen Wok auf mittlerer Stufe erhitzen und das Öl hineingießen. Die Frühlingszwiebeln dazugeben und 30 Sekunden braten. Den Reis hineingeben und 1–2 Minuten braten, bis er erhitzt ist. Den Reis auf eine Seite des Woks schieben, dann den Wok leicht anheben, sodass das Öl auf die andere Seite fließen kann. Während der Wok noch schräg steht, die Eier hineingeben und auf mittlerer Stufe unter ständigem Rühren 2–3 Minuten pfannenrühren, bis sie gestockt sind. Den Wok wieder waagerecht auf den Herd stellen, den Koriander zufügen und den Reis mit den gebratenen Eiern vermischen. Vom Herd nehmen, den Reis aber im Wok lassen, damit er warm bleibt.

3. Für die Garnelen & Paprika die Kokoscreme zerteilen und im kochenden Wasser auflösen. Die Hälfte des Öls in einem zweiten vorgeheizten Wok erhitzen. Chilis und Frühlingszwiebeln hineingeben und auf mittlerer Stufe 1–2 Minuten braten, bis sie fast weich sind. Garnelen, Kokoscrememischung, Zitronensaft, Basilikum und Fischsauce dazugeben und vorsichtig aufkochen, bis die Garnelen erhitzt sind, dabei gelegentlich umrühren.

FISCH & MEERESFRÜCHTE

4 Das restliche Öl in einem anderen Wok erhitzen. Die Paprika hineingeben und auf sehr hoher Stufe 1–2 Minuten pfannenrühren, bis sich Blasen bilden und das Gemüse leicht gebräunt ist. Zu der Garnelenmischung hinzufügen, mit Koriander garnieren und sofort mit dem gebratenen Eierreis servieren.

Gebratene Jakobsmuscheln

Für 4 Portionen   Vorbereitung: 15 Min.   Garzeit: 5 Min.

Zutaten

450 g Jakobsmuscheln, ausgelöst und ohne Rogen
2 EL Sesamöl
1 EL frisch gehackter Koriander
1 EL frisch gehackte glatte Petersilie
frisch gekochte Reisnudeln, zum Servieren

Sauce

2 EL Zitronensaft
2 EL Sojasauce
1 EL Honig
1 EL frisch geriebene Ingwerwurzel
1 EL thailändische Fischsauce
1 Knoblauchzehe, zerdrückt

Zubereitung

1 Für die Sauce Zitronensaft, Sojasauce, Honig, Ingwer, Fischsauce und Knoblauch in eine Schüssel geben und gut durchmischen, bis sich der Honig aufgelöst hat. Die Muscheln zufügen und rundum mit der Sauce überziehen.

2 Einen Wok auf hoher Stufe erhitzen. Das Öl hineingießen und 30 Sekunden erhitzen, bis es heiß ist. Dann die Muscheln samt Sauce, Koriander und Petersilie in den Wok geben. Unter ständigem Rühren 3 Minuten braten, bis die Muscheln gar sind. Kürzer braten, wenn die Muscheln klein sind.

3 Die Jakobsmuscheln auf vorgewärmten Tellern anrichten und sofort mit frisch gekochten Reisnudeln servieren.

FISCH & MEERESFRÜCHTE

Bratreis mit Meeresfrüchten

Für 6 Portionen   Vorbereitung: 20 Min.   Garzeit: 25–30 Min.

Zutaten

2 EL Erdnuss- oder Maiskeimöl

1 große Zwiebel, gehackt

1 Knoblauchzehe, fein gehackt

8 große Tomaten, gehäutet, entkernt und gehackt

225 g Paella- oder Risottoreis

ca. 850 ml Fischfond

500 g Miesmuscheln, abgebürstet und Bärte entfernt

400 g gemischte Meeresfrüchte, Tiefkühlware aufgetaut

175 g kleine Erbsen, gekocht

Salz und Pfeffer

2 EL frisch gehackte Petersilie, plus etwas mehr zum Garnieren

Zubereitung

1 Einen Wok oder eine große schwere Pfanne vorheizen. Das Öl hineingießen und erhitzen. Die Zwiebel darin glasig dünsten. Den Knoblauch und die Hälfte der Tomaten unterrühren. Den Reis zufügen und 2–3 Minuten pfannenrühren, dann die Hälfte des Fonds eingießen und alles 12–15 Minuten köcheln lassen. Bei Bedarf mehr Fond zugießen.

2 Alle Muscheln, die eine beschädigte Schale haben oder sich bei Antippen mit einem Messer nicht schließen, wegwerfen. Die verbliebenen Muscheln mit Meeresfrüchten und Erbsen in den Wok geben. Mit Salz und Pfeffer nach Geschmack würzen und weitere 3–4 Minuten köcheln, bis die Muscheln sich geöffnet haben und die Flüssigkeit fast vollständig verkocht ist. Alle Muscheln, die sich nicht geöffnet haben, aussortieren und wegwerfen.

3 Die verbliebenen Tomaten und die Petersilie unterrühren. Mit Salz und Pfeffer abschmecken, mit zusätzlicher Petersilie garnieren und sofort servieren.

Garnelennudeln

Für 4 Portionen   Vorbereitung: 20 Min.   Garzeit: 8–10 Min.

Zutaten

200 g Reis-Vermicelli

2 EL Erdnussöl

80 g ungesalzene Erdnüsse

1 Bund Frühlingszwiebeln, diagonal in Ringe geschnitten

2 Selleriestangen, diagonal in Ringe geschnitten

1 rote Paprika, in dünne Streifen geschnitten

1 Vogelaugenchili, in Ringe geschnitten

1 Zitronengrasstängel, zerdrückt

400 ml Fischfond oder Hühnerbrühe

250 ml Kokosmilch

2 TL thailändische Fischsauce

350 g gekochte Garnelen, ausgelöst und Darmfaden entfernt

Salz und Pfeffer

3 EL frisch gehackter Koriander, zum Garnieren

Zubereitung

1 Die Vermicelli in eine Schüssel geben, mit kochendem Wasser bedecken und 4 Minuten ruhen lassen. Abgießen und beiseitestellen.

2 Einen Wok auf mittlerer bis hoher Stufe vorheizen und das Öl hineingießen. Die Erdnüsse darin unter Rühren 1–2 Minuten rösten, bis sie goldbraun sind. Mit dem Schaumlöffel herausnehmen.

3 Frühlingszwiebeln, Sellerie und Paprika in den Wok geben und bei starker Hitze 1–2 Minuten pfannenrühren.

4 Chili, Zitronengras, Fond, Kokosmilch und Fischsauce zugeben und aufkochen.

5 Die Garnelen zufügen und alles unter Rühren erneut aufkochen.

6 Mit Salz und Pfeffer abschmecken, dann die Vermicelli zugeben.

7 In vorgewärmte Schalen füllen, mit frischem Koriander garnieren, mit Pfeffer und Erdnüssen bestreuen und servieren.

FISCH & MEERESFRÜCHTE

Seeteufel mit Brokkoli auf thailändische Art

Für 2 Portionen Vorbereitung: 25 Min. plus Marinierzeit Garzeit: 15 Min.

Zutaten

550 g Seeteufelschwanz, Flossen und Haut entfernt

1 TL Speisestärke

2 TL thailändische Fischsauce

fein abgeriebene Schale von ½ Limette

¼ TL Zucker

1 Prise Salz

1 großer Brokkoli

4 EL Erdnussöl

1 Schalotte, gehackt

½ frischer roter Chili, entkernt und in sehr dünne Ringe geschnitten

2 EL trocken geröstete Erdnüsse, grob gehackt

1 kleine Handvoll frische Thai-Basilikumblätter, klein geschnitten

Marinade

2-cm-Stück Ingwerwurzel, gerieben

Saft von ½ Limette

¼ TL Salz

2 TL geröstetes Sesamöl

Zubereitung

1 Den Fisch links und rechts entlang der Mittelgräte einschneiden und zwei Filets abtrennen, die insgesamt 400 g wiegen sollten. Jedes Filet in 3 cm große Stücke schneiden und in eine flache Schüssel legen.

2 Für die Marinade alle Zutaten verrühren und über den Fisch gießen. 30 Minuten marinieren, dann abtropfen lassen; die Marinade aufheben.

3 Die Speisestärke mit 1 Esslöffel Marinade anrühren. Fischsauce, Limettenschale, Zucker und Salz vermengen.

4 Die Brokkoliröschen dort abtrennen, wo sie an den Stielen ansetzen (und für ein anderes Gericht aufheben). Die kleineren Stiele vom zentralen Stängel abschneiden. Den Hauptstängel schälen und längs in Stifte schneiden, dann alle Stiele quer in dünne Scheiben schneiden.

5 Einen Wok auf hoher Stufe erhitzen, 2 Esslöffel Öl hineingießen und heiß werden lassen, bis es fast raucht. Die Fischstücke in den Wok geben und 2 Minuten braten, bis sie gar und nicht mehr glasig sind. Herausnehmen und im Backofen warm halten.

6 Den Wok auswischen. Die Hitze auf mittlere Stufe reduzieren und das restliche Öl hineingießen. Die Schalotte darin 1 Minute pfannenrühren, anschließend Brokkolistiele und Chili zufügen. 5–6 Minuten pfannenrühren, bis die Stiele gerade weich sind. Falls nötig, etwas Marinade zugießen.

7 Die Fischsaucenmischung einrühren und einige Sekunden garen. Die angerührte Speisestärke zugeben und einige weitere Sekunden rühren, bis die Sauce leicht eindickt.

8 Den Fisch zurück in den Wok geben und 30 Sekunden erhitzen. Mit Erdnüssen und Basilikum bestreuen. Sofort servieren.

Thunfischsteaks mit Fünf-Gewürze-Pulver

Für 4 Portionen   Vorbereitung: 15–20 Min.   Garzeit: 10–12 Min.

Zutaten

600 g Thunfischsteaks, in 3 cm große Würfel geschnitten

2 EL Limettensaft

1 EL geröstetes Sesamöl

2 EL Fünf-Gewürze-Pulver

1 Prise Meersalzflocken

4 EL Erdnussöl

1 große Knoblauchzehe, in dünne Scheiben geschnitten

1-cm-Stück Ingwerwurzel, in dünne Scheiben geschnitten

1 Schalotte, gehackt

4 EL Hühnerbrühe

1 TL Sojasauce

2 Pak Choi (insgesamt etwa 200 g), Stiele in mundgerechte Stücke, Blätter in breite Streifen geschnitten

3 EL frisch gehackter Koriander

Salz und Pfeffer

Limettenspalten, zum Servieren

Zubereitung

1 Die Fischwürfel in eine flache Schüssel legen und mit 1 Esslöffel Limettensaft und dem Sesamöl beträufeln. Wenden, damit alles gleichmäßig überzogen ist. Das Fünf-Gewürze-Pulver darüberstreuen und gut in das Fleisch einreiben. Mit den Meersalzflocken bestreuen und nach Belieben mit Pfeffer würzen.

2 Einen Wok auf hoher Stufe erhitzen, 2 Esslöffel Erdnussöl hineingießen und heiß werden lassen, bis das Öl fast raucht. Die Fischwürfel in den Wok geben und 3–4 Minuten braten, bis sie außen gar, aber innen noch hellrot sind. Herausnehmen und im Backofen warm halten.

3 Den Wok mit Küchenpapier auswischen. Die Hitze auf mittlere Stufe reduzieren und das restliche Erdnussöl hineingießen. Knoblauch, Ingwer und Schalotte zufügen und 1 Minute pfannenrühren, bis das Gemüse fast weich ist.

4 Brühe und Sojasauce einrühren und die Pak-Choi-Stiele dazugeben. 1 Minute braten, dann die Pak-Choi-Blätter zufügen und alles weitere 2 Minuten pfannenrühren, bis die Stiele weich sind.

5 Die Fischwürfel wieder in den Wok geben, kurz braten und gut mit dem Pak Choi vermischen. Den restlichen Limettensaft zusammen mit dem Koriander einrühren und alles mit Salz und Pfeffer abschmecken. Mit Limettenspalten garnieren und sofort servieren.

FISCH & MEERESFRÜCHTE

Tintenfischringe & Garnelen mit Ingwer

Für 4 Portionen Vorbereitung: 15–20 Min. Garzeit: 10–12 Min.

Zutaten

175 g Tintenfisch, gesäubert, Tentakel entfernt und in dicken Ringen

250 g rohe Riesengarnelen, ausgelöst, Darmfaden entfernt und längs halbiert

2 Frühlingszwiebeln, in dünnen Ringen

2,5-cm-Stück Ingwerwurzel, fein gerieben

2 Knoblauchzehen, fein gehackt

2 EL Zitronensaft

2 EL süße Thai-Chilisauce

2 EL Sonnenblumenöl

200 g Brokkoli, in Röschen

150 g Zuckererbsen, diagonal halbiert

Zubereitung

1. Tintenfischringe, halbierte Garnelen, Frühlingszwiebeln, Ingwer, Knoblauch, Zitronensaft, Chilisauce und die Hälfte des Öls in einer Schüssel mischen. 30 Minuten marinieren.

2. Einen Wok vorheizen. Das verbliebene Öl hineingießen und erhitzen. Den Brokkoli darin 2 Minuten pfannenrühren. Die Zuckererbsen zugeben und 1 weitere Minute mit dem Brokkoli pfannenrühren.

3. Die Meeresfrüchte zufügen und 3 Minuten pfannenrühren, bis die Garnelen rosa sind.

4. Alles in eine angewärmte Servierschüssel füllen und sofort servieren.

FISCH & MEERESFRÜCHTE

Gebratener Fisch mit Pinienkernen

Für 4 Portionen   Vorbereitung: 15–20 Min. plus Einweichzeit   Garzeit: 7–9 Min.

Zutaten

450 g weißes Fischfilet, in 2,5 cm großen Würfeln

½ TL Salz

2 getrocknete chinesische Champignons, 20 Minuten in warmem Wasser eingeweicht

3 EL Pflanzen- oder Erdnussöl

2,5-cm-Stück Ingwerwurzel, fein gerieben

1 EL gehackte Frühlingszwiebel

je 1 rote und 1 grüne Paprika, in 2,5 cm großen Stücken

25 g Bambussprossen aus der Dose, abgetropft und in kleinen Würfeln

2 TL chinesischer Reiswein

2 EL geröstete Pinienkerne

Zubereitung

1 Den Fisch mit dem Salz bestreuen und 20 Minuten ruhen lassen. Überschüssiges Wasser aus den Pilzen drücken. Die harten Stiele abschneiden und wegwerfen, die Kappen in dünne Scheiben schneiden.

2 Einen Wok auf mittlerer Stufe erhitzen und 2 Esslöffel Öl hineingießen. Den Fisch hineingeben und 3 Minuten braten, bis er sich mit einer Gabel leicht zerteilen lässt und nicht mehr glasig ist. Abtropfen lassen und beiseitestellen.

3 Den Wok mit Küchenpapier auswischen und wieder auf mittlerer Stufe erhitzen. Das restliche Öl hineingießen. Den Ingwer zufügen und braten, bis sich die Aromastoffe entfalten, dann Frühlingszwiebel, Paprika, Bambussprossen, Pilze und Reiswein dazugeben und 1–2 Minuten garen.

4 Die Fischwürfel wieder in den Wok geben und mitgaren, bis sie heiß sind. Mit den Pinienkernen bestreuen und servieren.

FISCH & MEERESFRÜCHTE

Jakobsmuscheln in Schwarzer-Bohnen-Sauce

Für 4 Portionen   Vorbereitung: 10–15 Min.   Garzeit: 5 Min.

Zutaten

2 EL Pflanzen- oder Erdnussöl

1 TL fein gehackter Knoblauch

1 TL fein gehackte Ingwerwurzel

1 EL fermentierte schwarze Bohnen, abgespült und leicht zerdrückt

400 g Jakobsmuscheln, ausgelöst und ohne Rogen

½ TL helle Sojasauce

1 TL chinesischer Reiswein

1 TL Zucker

3–4 frische rote Bird's-Eye-Chilis, fein gehackt

1–2 TL Hühnerbrühe

1 EL fein gehackte Frühlingszwiebel

Zubereitung

1 Einen Wok auf mittlerer Stufe erhitzen und das Öl hineingießen. Den Knoblauch dazugeben und braten, dann den Ingwer zufügen und alles 1 Minute braten, bis sich die Aromastoffe entfalten. Erst die schwarzen Bohnen, dann die Muscheln hineingeben und 1 Minute pfannenrühren. Helle Sojasauce, Reiswein, Zucker und Chilis zufügen.

2 Die Hitze reduzieren und alles 2 Minuten köcheln lassen, bis die Jakobsmuscheln gar sind. Dann die Brühe und zuletzt die Frühlingszwiebel dazugeben, rühren und sofort servieren.

Venusmuscheln in Schwarzer-Bohnen-Sauce

Für 4 Portionen   Vorbereitung: 15 Min.   Garzeit: 8 Min.

Zutaten

900 g kleine Venusmuscheln
1 EL Pflanzen- oder Erdnussöl
1 TL fein gehackte Ingwerwurzel
1 TL fein gehackter Knoblauch
1 EL fermentierte schwarze Bohnen, abgetropft und grob gehackt
2 TL chinesischer Reiswein
1 EL fein gehackte Frühlingszwiebel
Salz

Zubereitung

1 Alle Muscheln, die eine beschädigte Schale haben oder sich bei Antippen mit einem Messer nicht schließen, wegwerfen. Die restlichen Muscheln gründlich säubern und in klares Wasser legen, bis sie verarbeitet werden.

2 Einen Wok auf mittlerer Stufe erhitzen und das Öl hineingießen. Ingwer und Knoblauch darin pfannenrühren, bis sich die Aromastoffe entfalten. Die schwarzen Bohnen zufügen und 1 Minute garen.

3 Den Wok auf hoher Stufe erhitzen. Venusmuscheln und Reiswein hineingeben, gut vermischen und 2 Minuten pfannenrühren. Den Deckel auf den Wok setzen und alles weitere 3 Minuten garen, bis sich die Schalen der Muscheln geöffnet haben. Alle Muscheln, die sich nicht geöffnet haben, aussortieren und wegwerfen. Die Frühlingszwiebel darübergeben und mit Salz abschmecken. Sofort servieren.

FISCH & MEERESFRÜCHTE

Garnelen mit Zucker- erbsen & Cashewkernen

181

Für 4–6 Portionen Vorbereitung: 20 Min. Garzeit: 12–16 Min.

Zutaten

80 g Cashewkerne

3 EL Erdnussöl

4 Frühlingszwiebeln, in Ringen

2 Selleriestangen, in dünnen Ringen

3 Karotten, in feinen Scheiben

100 g Babymaiskolben, halbiert

175 g Champignons, in Scheiben

1 Knoblauchzehe, grob gehackt

500 g rohe Garnelen, ausgelöst und Darmfaden entfernt, aber mit Schwanzenden

1 TL Speisestärke

2 EL Sojasauce

50 ml Hühnerbrühe

250 g Wirsing, sehr fein gehackt

175 g Zuckererbsen

Zubereitung

1 Einen Wok auf mittlerer Stufe vorheizen. Die Cashewkerne zufügen und leicht braun anrösten. Mit einem Schaumlöffel aus dem Wok nehmen und beiseitestellen.

2 Das Öl in den Wok gießen. Frühlingszwiebeln, Sellerie, Karotten und Babymaiskolben zufügen und bei mittlerer Hitze 4 Minuten pfannenrühren.

3 Die Champignons zugeben und leicht anbräunen. Knoblauch und Garnelen zugeben und pfannenrühren, bis die Garnelen rosa werden.

4 Speisestärke, Sojasauce und Hühnerbrühe in einer Schüssel verrühren. In den Wok geben und alles gut vermengen. Wirsing und Zuckererbsen unterrühren. Von den Cashewkernen einige zurückbehalten, den Rest in den Wok geben und alles noch einmal 2 Minuten köcheln lassen.

5 Mit den zurückbehaltenen Cashewkernen garnieren und sofort servieren.

Udon-Nudeln mit Pilzen & Ingwer

Für 2 Portionen   Vorbereitung: 20–25 Min.   Garzeit: 6–8 Min.

Zutaten

300 g frische Udon-Nudeln

1 Porreestange, in sehr feine Ringe geschnitten

200 g Bohnensprossen

8 Shiitake-Pilze, in feine Scheiben geschnitten

2 Stücke Kamaboko (japanischer Fischkuchen), in Scheiben geschnitten

12 rohe Garnelen, ausgelöst und Darmfaden entfernt

2 Eier, verquirlt

Pflanzenöl, zum Braten

2 EL Shoyu (japanische Sojasauce)

3 EL Mirin (japanische Würzsauce)

2 EL frisch gehackte Korianderblätter

Chiliöl, zum Beträufeln

Zum Garnieren

2 Frühlingszwiebeln, in feine Ringe geschnitten

2 EL gehackter Beni-Shoga (roter Ingwer)

Zubereitung

1 Die Nudeln unter fließend kaltem Wasser abspülen, abtropfen lassen und in eine Schüssel geben.

2 Porree, Bohnensprossen, Pilze, Kamaboko, Garnelen und Eier gut unterheben.

3 Einen Wok stark erhitzen. Etwas Öl zugießen und sehr heiß werden lassen. Die Nudelmischung darin unter Rühren braten, bis die Garnelen rosa werden und durchgegart sind.

4 Sojasauce, Mirin und Koriander unterheben.

5 Die Nudeln auf 2 Servierschalen aufteilen und mit Chiliöl beträufeln.

6 Mit Frühlingszwiebeln und Beni-Shoga garnieren und sofort servieren.

FISCH & MEERESFRÜCHTE

Seeteufel mit Okra auf indische Art

Für 4 Portionen   Vorbereitung: 20 Min.   Garzeit: 30 Min.

Zutaten

750 g Seeteufelfilet, in 3 cm großen Würfeln

250 g Okra

2 EL Sonnenblumenöl

1 Zwiebel, in Ringe geschnitten

1 Knoblauchzehe, zerdrückt

2,5-cm-Stück Ingwerwurzel, in Scheiben geschnitten

150 ml Kokosmilch oder Fischfond

2 TL Garam masala

frische Korianderblätter, zum Garnieren

4 Limettenspalten, zum Servieren

Marinade

3 EL Zitronensaft

fein abgeriebene Schale von 1 Zitrone

¼ TL Anissamen

½ TL Salz

½ TL Pfeffer

Zubereitung

1 Für die Marinade alle Zutaten in einer Schüssel verquirlen und die Fischstücke darin 1 Stunde marinieren.

2 Wasser in einem Topf zum Kochen bringen und die Okra darin 4–5 Minuten garen. Abgießen und anschließend in 1 cm breite Stücke schneiden.

3 Einen Wok vorheizen. Das Öl hineingießen und erhitzen. Die Zwiebel darin pfannenrühren, bis sie goldbraun ist. Knoblauch und Ingwer zufügen und 1 Minute mitbraten. Dann den Fisch mit der Marinade zugeben und 2 Minuten pfannenrühren.

4 Okra, Kokosmilch und Garam masala unterrühren und alles 10 Minuten einköcheln lassen. Mit Korianderblättern garnieren und mit Limettenspalten servieren.

FISCH & MEERESFRÜCHTE

Chiligarnelen mit Knoblauchnudeln

Für 4 Portionen   Vorbereitung: 15 Min.,   Garzeit: 25 Min.
                    plus Marinierzeit

Zutaten

200 g gekochte Riesengarnelen, ausgelöst und Darmfaden entfernt

4 EL süße Chilisauce

4 EL Pflanzen- oder Erdnussöl

4 Frühlingszwiebeln, gehackt

50 g Zuckererbsen, diagonal halbiert

1 EL rote Thai-Currypaste

400 ml Kokosmilch

50 g Bambussprossen aus der Dose, abgetropft

50 g frische Bohnensprossen

120 g asiatische Eiernudeln

2 Knoblauchzehen, zerdrückt

1 Handvoll frisch gehackter Koriander

Zubereitung

1 Garnelen und Chilisauce in einer Schüssel mischen. Abgedeckt beiseitestellen.

2 Einen Wok vorheizen. 2 Esslöffel Öl hineingießen und erhitzen. Frühlingszwiebeln und Zuckererbsen darin auf mittlerer Stufe unter Rühren 2–3 Minuten braten. Die Currypaste zufügen und gut untermischen. Die Kokosmilch zugießen und unter gelegentlichem Rühren langsam zum Kochen bringen. Bambus- und Bohnensprossen zugeben und unter Rühren 1 Minute garen. Die Garnelen mitsamt Chilisauce zufügen, die Hitze reduzieren und etwa 1–2 Minuten köcheln lassen, bis die Garnelen gerade heiß sind.

3 Unterdessen die Nudeln in einem Topf mit leicht gesalzenem Wasser 4–5 Minuten oder gemäß Packungsanweisung garen. Abgießen und zurück in den Topf geben.

4 Das restliche Öl in einer Pfanne erhitzen. Den Knoblauch darin auf höchster Stufe unter Rühren 30 Sekunden anbraten. Zu den Nudeln geben. Die Hälfte des Korianders zufügen und gut mischen. Die Knoblauchnudeln auf 4 Portionsschalen verteilen. Die Chili-Garnelen-Mischung darübergeben und mit dem restlichen Koriander garniert sofort servieren.

Tintenfisch mit Ingwerstreifen

Für 4 Portionen   Vorbereitung: 20 Min.   Garzeit: 30 Min.

Zutaten

Erdnussöl, zum Braten

1 große Knoblauchzehe, in sehr dünne Scheiben geschnitten

300 g küchenfertiger Tintenfisch, in 1 cm breite Ringe geschnitten

3 Frühlingszwiebeln, diagonal in 2,5 cm lange Stücke geschnitten

1 Prise zerstoßene Chiliflocken

2–3 Handvoll Rucola

Salz-Pfeffer-Mischung

1 TL Sichuan-Pfefferkörner

1 TL Meersalzflocken

Ingwerstreifen

250 g Ingwerwurzel

Erdnussöl, zum Frittieren

Zubereitung

1 Für die Salz-Pfeffer-Mischung Pfefferkörner und Meersalz im Mörser zu einem groben Pulver zermahlen.

2 Für die Ingwerstreifen die Ingwerwurzel schälen und längs in sehr dünne Scheiben schneiden. Mehrere Scheiben zu einem Stapel aufeinanderlegen und längs in dünne Streifen schneiden.

3 Ausreichend Öl zum Frittieren in einem Wok auf 180–190 °C erhitzen oder bis ein Brotwürfel darin in 30 Sekunden bräunt. Den Ingwer in den Wok geben und 6–7 Minuten goldbraun frittieren. Ingwerstreifen, die zusammenbacken und verklumpen, mit einer Zange trennen. Mit einem Schaumlöffel herausnehmen und auf Küchenpapier abtropfen lassen. Mit ein wenig Salz-Pfeffer-Mischung bestreuen, beiseitestellen und warm halten.

4 Einen zweiten Wok auf mittlerer Stufe erhitzen, etwas Öl hineingießen und heiß werden lassen. Dann den Knoblauch dazugeben und 30–60 Sekunden braten, bis er goldbraun ist. Mit einem Schaumlöffel aus dem Wok heben, auf Küchenpapier abtropfen lassen und beiseitestellen.

5 Den Wok wieder auf hoher Stufe erhitzen und Tintenfisch, Frühlingszwiebeln und Chiliflocken hineingeben. 2 Minuten pfannenrühren, bis der Tintenfisch gar ist und die Frühlingszwiebeln zart, aber noch hellgrün sind.

6 Rucola und Ingwerstreifen auf Serviertellern anrichten. Die Tintenfischmischung daraufsetzen, mit etwas Salz-Pfeffer-Mischung bestreuen und sofort servieren.

FISCH & MEERESFRÜCHTE

Wolfsbarsch mit Gemüse

Für 4–6 Portionen Vorbereitung: 20 Min. Garzeit: 18–20 Min.

Zutaten

1 ganzer Wolfsbarsch (450–700 g), ausgenommen

2 TL Salz

6 EL Pflanzen- oder Erdnussöl

2 Scheiben Ingwerwurzel

2 Knoblauchzehen, in feinen Scheiben

2 Frühlingszwiebeln, grob gehackt

je 1 grüne und rote Paprika, in feinen Streifen

1 Karotte, in feinen Stiften

50 g Bambussprossen, frisch oder aus der Dose, abgespült und in feinen Stiften (frische Sprossen 30 Min. kochen)

2 Tomaten, gehäutet, entkernt und in schmalen Spalten

1 EL chinesischer Reiswein

2 EL weißer Reisessig

1 EL helle Sojasauce

1 EL Zucker

Zubereitung

1 Den Fisch innen und außen gut abspülen und trocken tupfen. Auf beiden Seiten mehrmals diagonal tief einschneiden und ½ Teelöffel Salz in die Haut reiben.

2 Einen großen Wok vorheizen. 4 Esslöffel Öl hineingießen und erhitzen. Den Fisch darin von jeder Seite etwa 4 Minuten braten, bis er gar ist. Abtropfen lassen, auf eine vorgewärmte Servierplatte legen und warm halten. Den Wok mit Küchenpapier sauber auswischen.

3 Den Wok wieder vorheizen. Das restliche Öl hineingießen und erhitzen. Ingwer, Knoblauch und Frühlingszwiebeln darin schwenken, bis sie zu duften beginnen. Gemüse und restliches Salz zugeben und alles 2–3 Minuten unter Rühren braten. Die restlichen Zutaten zufügen und weitere 2–3 Minuten pfannenrühren. Sauce und Gemüse über den Fisch geben und sofort servieren.

FISCH & MEERESFRÜCHTE

Sesamnudeln mit Garnelen

Für 4 Portionen   Vorbereitung: 20 Min. plus Kühlzeit   Garzeit: 8–10 Min.

Zutaten

1 EL Öl

16 rohe Garnelen, ausgelöst und Darmfaden entfernt

3 Shiitake-Pilze, in feine Scheiben geschnitten

¼ China- oder Weißkohl, in feine Streifen geschnitten

1 Karotte, gerieben

2 Bund Somen-Nudeln

6 Perilla-Blätter, gehackt

Sauce

3 EL Öl

1 EL geröstete Sesamsaat

125 ml japanischer Reisessig

1 EL Zucker

1 EL Usukuchi-Shoyu (helle japanische Sojasauce)

Salz (nach Geschmack)

Zubereitung

1 Für die Sauce das Öl mit den restlichen Zutaten in einer nicht metallenen Schüssel verrühren.

2 Das Öl im Wok erhitzen und die Garnelen darin rosa braten.

3 Die Pilze zufügen und 1 Minute unter Rühren anbraten. Kohl und Karotte untermischen. Den Wok vom Herd nehmen und abkühlen lassen.

4 Die Nudeln nach Packungsangaben gar kochen und abtropfen lassen.

5 Die Nudeln in eine Servierschüssel füllen und die Garnelen-Gemüse-Mischung zugeben. Die Sauce darübergießen und die Zutaten gut mischen.

6 Mit den Perilla-Blättern garnieren und sofort servieren.

FISCH & MEERESFRÜCHTE

Scharfe Meeresfrüchtepfanne

Für 4 Portionen   Vorbereitung: 20–25 Min.   Garzeit: 10 Min.

Zutaten

200 g küchenfertiger Tintenfisch

500 g weißes Fischfilet, z.B. Heilbutt oder Seelachs

1 EL Sonnenblumenöl

4 Schalotten, fein gehackt

2 Knoblauchzehen, fein gehackt

2 EL grüne Currypaste

2 kleine Zitronengrasstängel, fein gehackt

1 TL Krabbenpaste

500 ml Kokosmilch

200 g rohe Riesengarnelen, ausgelöst und Darmfaden entfernt

12 Venusmuscheln in der Schale, abgebürstet

8 frische Thai-Basilikumblätter, in feine Streifen geschnitten

frisch gekochter Reis, zum Servieren

Zubereitung

1 Den Tintenfisch in Ringe, das Fischfilet in mundgerechte Stücke schneiden.

2 Das Öl in einem Wok oder einer großen Pfanne erhitzen und Schalotten, Knoblauch und Currypaste 1–2 Minuten braten. Zitronengras und Krabbenpaste zugeben, die Kokosmilch einrühren und alles aufkochen.

3 Die Hitze reduzieren und Tintenfisch, Fisch und Garnelen zugeben. Die Mischung wieder aufkochen und 2 Minuten köcheln lassen.

4 Alle Muscheln, die eine beschädigte Schale haben oder sich bei Antippen mit einem Messer nicht schließen, wegwerfen. Die Muscheln zugeben und 1 Minute mitkochen, bis sich die Schalen öffnen. Alle Muscheln, die sich nicht geöffnet haben, aussortieren und wegwerfen.

5 Die Basilikumstreifen über das Gericht streuen. Mit ganzen Basilikumblättern garnieren und sofort mit gekochtem Reis servieren.

FISCH & MEERESFRÜCHTE

Seeteufel aus dem Wok

Für 4 Portionen   Vorbereitung: 15 Min.   Garzeit: 5–6 Min.

Zutaten

2 TL Sesamöl

500 g Seeteufelsteak, in 2,5 cm großen Würfeln

1 Zwiebel, in dünnen Ringen

3 Knoblauchzehen, fein gehackt

1 TL frisch geriebene Ingwerwurzel

250 g grüne Spargelspitzen

175 g Pilze, in dünnen Scheiben

2 EL Sojasauce

1 EL Zitronensaft

Zubereitung

1 Einen Wok oder eine schwere Pfanne auf mittlerer Stufe vorheizen. Das Öl hineingießen und erhitzen. Fisch, Zwiebel, Knoblauch, Ingwer, Spargel und Pilze zugeben und 2–3 Minuten pfannenrühren.

2 Sojasauce und Zitronensaft einrühren und 1 weitere Minute braten. Den Wok vom Herd nehmen und die Mischung in eine vorgewärmte Servierschüssel geben. Sofort heiß servieren.

FISCH & MEERESFRÜCHTE

Frische Krebse mit Ingwer

Für 4 Portionen   Vorbereitung: 15 Min.   Garzeit: 8–10 Min.

Zutaten

3 EL Pflanzen- oder Erdnussöl

2 große frische Krebse, gesäubert, in Stücken und die Scheren aufgebrochen

50 g Ingwerwurzel, in sehr feinen Stiften

100 g Frühlingszwiebeln, in 5 cm langen Stücken

2 EL helle Sojasauce

1 TL Zucker

1 Prise weißer Pfeffer

Zubereitung

1 Einen Wok vorheizen. 2 Esslöffel Öl hineingießen und erhitzen. Die Krebse darin 3–4 Minuten bei starker Hitze braten. Aus dem Wok nehmen und beiseitestellen. Den Wok mit Küchenpapier sauber auswischen.

2 Das restliche Öl im sauberen Wok erhitzen und den Ingwer darin schwenken, bis er zu duften beginnt. Die Frühlingszwiebeln unterrühren.

3 Die Krebsteile zugeben und alles mit Sojasauce, Zucker und Pfeffer vermengen. Abgedeckt 1 Minute köcheln lassen. Sofort servieren.

Tintenfisch mit Bohnensauce

Für 4 Portionen   Vorbereitung: 20 Min.   Garzeit: 8–10 Min.

Zutaten

750 g küchenfertiger Tintenfisch
1 EL Maiskeimöl
1 kleiner, frischer roter Chili, gehackt
1 Knoblauchzehe, fein gehackt
1 TL frisch geriebene Ingwerwurzel
2 Frühlingszwiebeln, gehackt
1 große rote Paprika, in dünnen Streifen
100 g Zuckererbsen, halbiert
1 Pak Choi, grob gehackt

Schwarze Bohnensauce

3 EL schwarze Bohnensauce
1 EL thailändische Fischsauce
1 EL Reiswein oder trockener Sherry
1 EL dunkle Sojasauce
1 TL Palmzucker oder brauner Zucker
1 TL Speisestärke
1 EL Wasser

Zubereitung

1 Die Tentakel der Tintenfische abschneiden und anderweitig verwenden. Die Mäntel längs vierteln. Mit der Spitze eines scharfen Messers die Stücke kreuzweise einritzen, aber nicht durchschneiden.

2 Für die Schwarze Bohnensauce, Fischsauce, Reiswein, Sojasauce und Zucker vermischen. Speisestärke mit Wasser glatt rühren und untermischen.

3 Das Öl im Wok erhitzen. Chili, Knoblauch, Ingwer und Frühlingszwiebeln zugeben und 1 Minute anbraten. Die Paprika zugeben und 2 Minuten mitbraten.

4 Den Tintenfisch zufügen und bei starker Hitze 1 Minute braten. Zuckererbsen und Pak Choi zugeben und 1 weitere Minute bissfest garen.

5 Die Sauce zugießen und unter Rühren 2 Minuten kochen, bis sie eindickt und klar wird. Sofort servieren.

FISCH & MEERESFRÜCHTE

Garnelen mit Ingwer & Austernpilzen

Für 4 Portionen   Vorbereitung: 10 Min.   Garzeit: 12 Min.

Zutaten

3 EL Pflanzenöl

3 Karotten, in dünne Scheiben geschnitten

350 g Austernpilze, in dünne Scheiben geschnitten

1 große rote Paprika, in dünne Streifen geschnitten

450 g rohe Riesengarnelen, ausgelöst und Darmfaden entfernt

2 Knoblauchzehen, zerdrückt

frische Korianderblätter, zum Garnieren

frisch gekochter Reis, zum Servieren

Sauce

150 ml Hühnerbrühe

2 TL Sesamsaat

1 EL frisch geriebene Ingwerwurzel

1 EL Sojasauce

¼ TL scharfe Chilisauce

1 TL Speisestärke

Zubereitung

1 Für die Sauce Hühnerbrühe, Sesamsaat, Ingwer, Sojasauce, Chilisauce und Speisestärke verrühren und gut durchmischen. Beiseitestellen.

2 Einen Wok auf mittlerer Stufe erhitzen und 2 Esslöffel Öl hineingießen. Die Karotten zufügen und 3 Minuten pfannenrühren. Aus dem Wok nehmen und beiseitestellen.

3 Das restliche Öl in den Wok gießen und die Pilze darin 2 Minuten pfannenrühren. Aus dem Wok nehmen und beiseitestellen.

4 Paprika, Garnelen und Knoblauch in den Wok geben und 3 Minuten pfannenrühren, bis die Garnelen sich rosa färben und einrollen. Die Sauce nochmals sorgfältig umrühren und in den Wok gießen.

5 Alles kochen, bis die Mischung Blasen wirft. Dann Karotten und Pilze wieder in den Wok geben. Mit einem Deckel verschließen und weitere 2 Minuten kochen, bis alles heiß ist. Auf frisch gekochtem Reis servieren und mit Korianderblättern garnieren.

FISCH & MEERESFRÜCHTE

Gebratene Reisnudeln mit mariniertem Fisch

Für 4 Portionen   Vorbereitung: 20 Min. plus Marinierzeit   Garzeit: 6–8 Min.

Zutaten

450 g Seeteufel oder Kabeljau, gewürfelt

225 g Lachsfilet, gewürfelt

120 g breite Reisnudeln

2 EL Pflanzen- oder Erdnussöl

2 Schalotten, in Ringen

2 Knoblauchzehen, fein gehackt

1 frischer roter Chili, entkernt und gehackt

2 EL thailändische Sojasauce

2 EL Chilisauce

frische Koriander, zum Garnieren

Marinade

2 EL Pflanzen- oder Erdnussöl

2 frische grüne Chilis, entkernt und gehackt

fein abgeriebene Schale und Saft von 1 Limette

1 EL Fischsauce

Zubereitung

1 Alle Zutaten für die Marinade vermischen, über den Fisch gießen und vermengen. 2 Stunden marinieren.

2 Die Nudeln nach Packungsangabe zubereiten. Gut abtropfen lassen.

3 Einen Wok auf mittlerer Stufe erhitzen und das Öl hineingießen. Schalotten, Knoblauch und Chili darin braten, bis alles leicht gebräunt ist. Sojasauce und Chilisauce zufügen, dann den Fisch zusammen mit der Marinade in den Wok geben und vorsichtig 2–3 Minuten pfannenrühren, bis er gar ist.

4 Die abgetropften Nudeln in den Wok geben und behutsam unterrühren. Mit Koriander garnieren und sofort servieren.

FISCH & MEERESFRÜCHTE

Makrele mit Ingwer

Für 2–3 Portionen   Vorbereitung: 20 Min. plus Ruhezeit   Garzeit: 8 Min.

Zutaten

4 Makrelenfilets mit Haut, insgesamt etwa 500 g

1 TL fein gehackte Ingwerwurzel, plus ein 2,5-cm-Stück, längs in sehr feine Streifen geschnitten

½ TL Salz

4 EL Erdnussöl

2½ EL Mehl

3 Frühlingszwiebeln, in Ringe geschnitten

Chinakohl, in feine Streifen geschnittem, zum Garnieren

Sauce

2 EL helle Sojasauce

½ TL Zucker

2 TL chinesischer Reiswein oder trockener Sherry

Zubereitung

1 Die Makrelenfilets quer halbieren und die Hautseite jedes Stücks ein- oder zweimal leicht einschneiden. Den gehackten Ingwer mit dem Salz mischen. Die Fischstücke beidseitig, insbesondere in die Einschnitte und sämtliche Spalten, mit dieser Mischung einreiben. 15 Minuten ziehen lassen.

2 Die Saucenzutaten in einer kleinen Schüssel verquirlen und beiseitestellen.

3 Einen Wok bei mittlerer bis hoher Hitze vorheizen. Das Öl hineingießen und erhitzen. Die Makrelenfilets zunächst im Mehl wenden, anschließend in den Wok geben und darin 4 Minuten braten. Währenddessen einmal wenden. Nun die Sauce über den Fisch gießen, Ingwerstreifen und Frühlingszwiebeln zufügen und weitere 2 Minuten braten.

4 In eine angewärmte Servierschüssel füllen und mit Chinakohlstreifen garnieren. Sofort servieren.

Variation

Geben Sie ½ Teelöffel zerdrückte Fenchelsamen zum gehackten Ingwer hinzu. Diese passen hervorragend zu Makrele.

FISCH & MEERESFRÜCHTE

GEMÜSE

GRÜNKOHLPFANNE

GEBRATENER TOFU MIT BOHNENSPROSSEN

NUDELN MIT PAK CHOI IN AUSTERNSAUCE

BRATREIS MIT GRÜNEM GEMÜSE

BUNTER GEMÜSESALAT MIT TOFU

AUSTERNPILZE MIT GEMÜSE IN CHILI-ERDNUSS-SAUCE

WÜRZIGES VEGETARISCHES ALLERLEI

GEMISCHTES GEMÜSE MIT BASILIKUM

GRÜNES WOKGEMÜSE

SICHUAN-NUDELN

SÜSSSAURER TOFU MIT GEMÜSE

BROKKOLI MIT ERDNÜSSEN

AUBERGINEN MIT PAPRIKA

KAROTTEN-ORANGEN-PFANNE

JAPANISCHE NUDELN MIT PILZEN

PAK CHOI MIT CASHEWKERNEN

EIERNUDELN MIT TOFU & PILZEN

GEBRATENE AUBERGINE SCHARFSAUER

GEMÜSE-MIX AUF SICHUAN-ART

PFANNENGERÜHRTER KOHL MIT WALNÜSSEN

ASIATISCHES GEMÜSE MIT GELBER BOHNENSAUCE

KÜRBISGEMÜSE

BLUMENKOHL MIT BOHNEN & CASHEWKERNEN

GEBRATENER BROKKOLI MIT ZUCKERERBSEN

GEBRATENER TOFU

THAILÄNDISCHER NUDELSALAT

PILZE MIT GRÜNEN BOHNEN, ZITRONE & KORIANDER

Grünkohlpfanne

Für 4 Portionen   Vorbereitung: 20–25 Min.   Garzeit: 15 Min.

Zutaten

750 g frischer Grünkohl

2 EL Sonnenblumenöl

1 Zwiebel, gehackt

4 große Knoblauchzehen, fein gehackt

2 rote Paprika, in dünne Streifen geschnitten

1 große Karotte, grob geraspelt

100 g Brokkoli, in kleine Röschen zerteilt

125 ml Gemüsebrühe

120 g gemischte Bohnensprossen

1 Handvoll geröstete Cashewkerne, gehackt

Salz und Pfeffer

Zitronenspalten, zum Servieren

Zubereitung

1. Mit einem scharfen Messer die dicken Hauptstiele des Grünkohls entfernen. Einige Blätter übereinanderlegen, dann in feine Streifen schneiden. Wiederholen, bis der ganze Grünkohl fein geschnitten ist, dann beiseitestellen.

2. Das Öl in einem Wok erhitzen. Die Zwiebel darin etwa 3 Minuten braten, dann Knoblauch, Paprika und Karotte zugeben und weiter pfannenrühren, bis die Zwiebel weich ist und die Paprika gerade weich werden.

3. Die Brokkoliröschen zugeben und unterrühren. Den Grünkohl zufügen und vermengen. Die Brühe zugießen, mit Salz und Pfeffer abschmecken, auf mittlere Hitze reduzieren und das Ganze zugedeckt etwa 5 Minuten köcheln lassen, bis der Grünkohl gar ist.

4. Den Deckel abnehmen und die verbliebene Flüssigkeit verdampfen lassen. Die Bohnensprossen mithilfe von zwei Gabeln unter die anderen Zutaten mischen, dann noch einmal abschmecken, falls nötig, mit etwas Salz und Pfeffer würzen.

5. Auf 4 Teller verteilen und mit den Cashewkernen bestreuen. Mit Zitronenspalten garnieren und sofort servieren.

Variation

Für eine schärfere Note fügen Sie in Schritt 3 zusammen mit dem Brokkoli einige Chiliflocken hinzu.

GEMÜSE

Gebratener Tofu mit Bohnensprossen

Für 4 Portionen   Vorbereitung: 15 Min.   Garzeit: 20 Min.

Zutaten

1½ EL helle Sojasauce

1 EL Austernsauce

2 EL Hühnerbrühe

Erdnussöl, zum Frittieren

350 g fester Tofu, gewürfelt

2 große Knoblauchzehen, in dünne Scheiben geschnitten

120 g Zuckererbsen, diagonal halbiert

4 Frühlingszwiebeln, diagonal in 2,5 cm große Stücke geschnitten

120 g Bohnensprossen

Salz und Pfeffer

½ Bund frischer Chinesischer Schnittlauch oder Schnittlauch, in 2,5 cm lange Stücke geschnitten, zum Garnieren

einige Tropfen Sesamöl, zum Garnieren

Zubereitung

1 Sojasauce, Austernsauce und Brühe in eine kleine Schüssel geben, mischen und beiseitestellen.

2 Ausreichend Erdnussöl zum Frittieren in einem großen Wok auf 180–190 °C erhitzen oder bis ein Brotwürfel darin in 30 Sekunden bräunt. Den Tofu dazugeben und 5–7 Minuten braten, bis er goldbraun ist. Mit einer Zange wenden, dann mit einem Schaumlöffel aus dem Wok nehmen und auf Küchenpapier abtropfen lassen. Mit Salz und Pfeffer würzen.

3 Das Öl aus dem Wok gießen, 1 Esslöffel aufheben und den Wok mit Küchenpapier auswischen. Das zurückbehaltene Öl wieder erhitzen, den Knoblauch zugeben und einige Sekunden braten, um das Öl zu aromatisieren. Zuckererbsen und Frühlingszwiebeln dazugeben und 2 Minuten pfannenrühren.

4 Bohnensprossen und beiseitegestellte Sojasaucenmischung in den Wok geben, 1 Minute pfannenrühren, dann den gebratenen Tofu zufügen und alles gut durchmischen. Mit dem Schnittlauch bestreuen, einige Tropfen Sesamöl darübergeben und sofort servieren.

GEMÜSE

Nudeln mit Pak Choi in Austernsauce

Für 4 Portionen   Vorbereitung: 20 Min.   Garzeit: 30 Min.

Zutaten

Erdnussöl, zum Frittieren

100 g Reis-Vermicelli

1 EL zerstoßener Palmzucker oder Muskovado-Zucker

1 EL Reisessig

1 EL Fischsauce

1 EL Limettensaft

6 Frühlingszwiebeln, in Ringe geschnitten

1 Knoblauchzehe, in feine Scheiben geschnitten

350 g kleiner Pak Choi, längs geviertelt

3 EL Austernsauce

Sesamsaat, zum Garnieren

Zubereitung

1 Einen tiefen Topf mit reichlich Öl erhitzen, bis ein Nudelstück darin sofort zu zischen beginnt. Die Nudeln portionsweise 15–20 Sekunden im heißen Fett frittieren, bis sie aufgegangen sind. Auf Küchenpapier abtropfen lassen.

2 Zucker, Essig, Fischsauce und Limettensaft in einem kleinen Topf erhitzen, bis sich der Zucker aufgelöst hat. Weitere 20–30 Sekunden zu einem Sirup einkochen.

3 Zwei Esslöffel Öl in einem Wok erhitzen. Frühlingszwiebeln und Knoblauch darin 1 Minute unter Rühren anbraten. Den Pak Choi zufügen und weitere 2–3 Minuten pfannenrühren. Die Austernsauce unterrühren.

4 Die Nudeln in eine Schüssel geben, mit dem Sirup beträufeln und darin wenden.

5 Pak Choi und Nudeln in Servierschalen anrichten, mit Sesam bestreuen und sofort servieren.

GEMÜSE

Bratreis mit grünem Gemüse

Für 4 Portionen Vorbereitung: 20 Min. Garzeit: 30 Min.

Zutaten

225 g Jasminreis
2 EL Pflanzen- oder Erdnussöl
1 EL grüne Currypaste
6 Frühlingszwiebeln, in Ringe geschnitten
2 Knoblauchzehen, zerdrückt
1 Zucchini, in dicke Stifte geschnitten
120 g grüne Bohnen
200 g grüner Spargel
3–4 frische Thai-Basilikumblätter
Salz

Zubereitung

1 Leicht gesalzenes Wasser in einem Topf aufkochen. Den Reis hineingeben und 12–15 Minuten garen, dann abgießen, abkühlen lassen und in den Kühlschrank stellen.

2 Das Öl in einem Wok erhitzen und die Currypaste darin 1 Minute pfannenrühren. Dann Frühlingszwiebeln und Knoblauch zufügen und 1 Minute weiterrühren.

3 Zucchini, Bohnen und Spargel in den Wok geben und weitere 3–4 Minuten pfannenrühren, bis das Gemüse bissfest gar ist. Den Reis auflockern und in den Wok geben. Unter ständigem Rühren 2–3 Minuten mitbraten, bis er heiß ist. Das Thai-Basilikum unterrühren und den Bratreis sofort servieren.

GEMÜSE

Bunter Gemüsesalat mit Tofu

Für 4 Portionen   Vorbereitung: 20 Min.   Garzeit: 10–15 Min.

Zutaten

4 EL Pflanzen- oder Erdnussöl

250 g Tofu mit Kräutern, gewürfelt

1 rote Zwiebel, in Ringen

4 Frühlingszwiebeln, in 5 cm langen Stücken

1 Knoblauchzehe, gehackt

2 Karotten, in feinen Stiften

120 g Prinzessbohnen

1 gelbe Paprika, in Streifen

120 g Brokkoli, in Röschen

1 große Zucchini, in feinen Stiften

50 g Bohnensprossen

2 EL rote Thai-Currypaste

4 EL Sojasauce

1 EL Reisessig

1 TL Palmzucker oder hellbrauner Zucker

einige frische Thai-Basilikumblätter

350 g Reis-Vermicelli

Zubereitung

1 Einen Wok oder eine große schwere Pfanne vorheizen. Das Öl hineingießen und erhitzen. Die Tofuwürfel darin 3–4 Minuten rundum braun braten. Aus dem Wok nehmen und auf Küchenpapier abtropfen lassen.

2 Beide Zwiebelsorten, Knoblauch und Karotten in das heiße Öl geben und 1–2 Minuten braten, dann das restliche Gemüse mit Ausnahme der Bohnensprossen zugeben und alles 2–3 Minuten pfannenrühren. Bohnensprossen, Currypaste, Sojasauce, Essig, Zucker und den größten Teil des Basilikums untermengen.

3 Die Nudeln mit kochendem Wasser übergießen und 2–3 Minuten einweichen oder nach Packungsanleitung zubereiten. Abgießen und abtropfen lassen. In eine vorgewärmte Servierschüssel geben.

4 Das Gemüse auf den Nudeln anrichten, mit den Tofuwürfeln bestreuen, mit den restlichen Basilikumblättern garnieren und servieren.

GEMÜSE

Austernpilze mit Gemüse in Chili-Erdnuss-Sauce

Für 4 Portionen   Vorbereitung: 10–15 Min.   Garzeit: 8–10 Min.

Zutaten

1 EL Pflanzen- oder Erdnussöl

4 Frühlingszwiebeln, in feinen Ringen

1 Karotte, in Stiften

1 Zucchini, in Stiften

½ Brokkoli, in Röschen

500 g Austernpilze, in dünnen Scheiben

2 EL grobe Erdnussbutter

1 TL Chilipulver (nach Geschmack)

3 EL Wasser

Limettenspalten, zum Garnieren

frisch gekochter Reis oder asiatische Nudeln, zum Servieren

Zubereitung

1 Einen Wok vorheizen. Das Öl hineingießen und stark erhitzen. Die Frühlingszwiebeln darin 1 Minute pfannenrühren. Karotte und Zucchini zufügen und 1 Minute pfannenrühren. Den Brokkoli zugeben und 1 weitere Minute braten.

2 Die Pilze einrühren und so lange garen, bis sie weich sind und die Hälfte des Pilzsuds eingekocht ist. Die Erdnussbutter unterrühren und alles mit Chilipulver abschmecken. Das Wasser zugeben und 1 weitere Minute garen.

3 Mit Limettenspalten garnieren und mit frisch gekochtem Reis oder Nudeln servieren.

GEMÜSE

Würziges vegetarisches Allerlei

Für 4 Portionen   Vorbereitung: 15 Min.   Garzeit: 20 Min.

Zutaten

3 EL Pflanzenöl

½ TL Kurkuma

250 g Kartoffeln, in 1 cm großen Würfeln

3 Schalotten, fein gehackt

1 Lorbeerblatt

½ TL gemahlener Kreuzkümmel

1 TL fein geriebene Ingwerwurzel

½ TL Chilipulver

4 Tomaten, grob gehackt

300 g Spinat, harte Stiele entfernt und grob gehackt

125 g Erbsen, Tiefkühlware aufgetaut

1 EL Zitronensaft

Salz und Pfeffer

frisch gekochter Basmatireis, zum Servieren

Zubereitung

1 Einen Wok vorheizen. 2 Esslöffel Öl hineingießen und erhitzen. Kurkuma und Salz zugeben. Vorsichtig die Kartoffeln zufügen und mit Kurkuma überziehen. 5 Minuten pfannenrühren, aus dem Wok nehmen und beiseitestellen.

2 Das restliche Öl im Wok erhitzen. Die Schalotten 1–2 Minuten darin braten. Lorbeerblatt, Kreuzkümmel, Ingwer und Chilipulver zugeben, dann die Tomaten einrühren und 2 Minuten braten.

3 Den Spinat zugeben und verrühren, damit sich die Aromen gut verbinden. Abdecken und 2–3 Minuten köcheln lassen. Die Kartoffeln wieder in den Wok geben, Erbsen und Zitronensaft zufügen. 5 Minuten köcheln lassen, bis die Kartoffeln weich sind.

4 Den Wok vom Herd nehmen, das Lorbeerblatt entfernen und alles mit Salz und Pfeffer abschmecken. Mit frisch gekochtem Basmatireis servieren.

Gemischtes Gemüse mit Basilikum

Für 4 Portionen   Vorbereitung: 15–20 Min.   Garzeit: 7–10 Min.

Zutaten

2 EL Pflanzen- oder Erdnussöl, plus etwas mehr zum Braten

2 Knoblauchzehen, gehackt

1 Zwiebel, in Ringe geschnitten

120 g Babymaiskolben, diagonal halbiert

½ Salatgurke, geschält, längs halbiert, entkernt und in Scheiben geschnitten

225 g Wasserkastanien aus der Dose, abgetropft und abgespült

50 g Zuckererbsen

120 g Shiitake-Pilze, halbiert

1 rote Paprika, in Streifen geschnitten

1 EL Rohrzucker

2 EL thailändische Sojasauce

1 EL thailändische Fischsauce

1 EL Reisessig

8–12 frische Thai-Basilikumstängel

frisch gekochter Reis, zum Servieren

Zubereitung

1 Einen Wok auf hoher Stufe erhitzen und das Öl hineingießen. Knoblauch und Zwiebel dazugeben und 1–2 Minuten braten. Babymaiskolben, Gurke, Wasserkastanien, Zuckererbsen, Pilze und Paprika hinzufügen und 2–3 Minuten pfannenrühren, bis das Gemüse weich wird.

2 Zucker, Sojasauce, Fischsauce und Essig zugießen und langsam aufkochen. 1–2 Minuten köcheln lassen.

3 In der Zwischenzeit ausreichend Öl zum Braten in einem Wok erhitzen und dann die Basilikumstängel hineingeben. 20–30 Sekunden garen, bis sie knusprig sind. Mit einem Schaumlöffel aus dem Wok nehmen und auf Küchenpapier abtropfen lassen.

4 Das Gemüse mit dem knusprigen Basilikum garnieren und sofort mit frisch gekochtem Reis servieren.

GEMÜSE

Grünes Wokgemüse

Für 4–6 Portionen   Vorbereitung: 15–20 Min.   Garzeit: 10 Min.

Zutaten

500 g gemischtes grünes Blattgemüse, z. B. Pak Choi, Grünkohl, Mangold und Spinat

250 g grüner Spargel

5 EL Erdnussöl

3-cm-Stück Ingwerwurzel, gewürfelt

½–1 frischer grüner oder roter Chili, entkernt und gewürfelt

3 große Knoblauchzehen, in dünnen Scheiben

6 Frühlingszwiebeln, grüner und weißer Teil in Ringen

3–4 EL Gemüsebrühe oder Wasser

2 EL Sojasauce

½ TL Salz

Pfeffer

1 kleine Handvoll frische Korianderblätter

1 TL Sesamsaat

1 EL geröstetes Sesamöl

frisch gekochter Reis, zum Servieren

Zubereitung

1 Stiele und mittige große Blattrippen vom Blattgemüse entfernen. Stiele und Rippen in 1-cm-Stücke zerteilen, dann die Blätter in Streifen schneiden.

2 Die holzigen Enden des Spargels abschneiden und entsorgen. Die Stangen in 2-cm-Stücke schneiden. Die Spitzen ganz lassen.

3 Das Erdnussöl in einen großen Wok geben und stark erhitzen. Wenn der Rauchpunkt fast erreicht ist, Ingwer, Chili und Knoblauch darin 30 Sekunden pfannenrühren.

4 Frühlingszwiebeln, Spargel und die gehackten Gemüsestiele hinzufügen. Mit der Brühe ablöschen und alles 2 Minuten pfannenrühren.

5 Blätterstreifen, Sojasauce, Salz und etwas Pfeffer hinzugeben und nochmals 3 Minuten pfannenrühren.

6 Korianderblätter, Sesam und Sesamöl hinzufügen. Weitere 30 Sekunden pfannenrühren. Sofort mit frisch gekochtem Reis servieren.

GEMÜSE

Sichuan-Nudeln

Für 4 Portionen   Vorbereitung: 15 Min.   Garzeit: 10–12 Min.

Zutaten

200 g dicke chinesische Eiernudeln

2 EL Erdnuss- oder Maiskeimöl

2 große Knoblauchzehen, sehr fein gehackt

1 große rote Zwiebel, halbiert, dann in feine Streifen geschnitten

125 ml Gemüsebrühe oder Wasser

2 EL Chilibohnensauce (Fertigprodukt)

2 EL chinesische Sesampaste

1 EL getrocknete Sichuan-Pfefferkörner, geröstet und gemahlen

1 TL helle Sojasauce

2 kleine Pak Choi oder chinesischer Brokkoli, geviertelt

1 große Karotte, geraspelt

Zubereitung

1 Die Nudeln in einem Topf mit kochendem Wasser 4 Minuten gar kochen. Unter fließend kaltem Wasser abschrecken und gut abtropfen lassen.

2 Einen Wok stark erhitzen und das Öl zugeben. Knoblauch und Zwiebel darin 1 Minute unter Rühren anbraten. Gemüsebrühe, Chilibohnensauce, Sesampaste, Sichuan-Pfeffer und Sojasauce zugeben und unter Rühren zum Kochen bringen.

3 Pak Choi und Karotten zugeben und weitere 1–2 Minuten pfannenrühren, bis das Gemüse zusammenfällt.

4 Die Nudeln zufügen und mit zwei Gabeln unter die anderen Zutaten heben, bis sie wieder heiß sind.

5 In Servierschalen füllen und sofort servieren.

GEMÜSE

Süßsaurer Tofu mit Gemüse

Für 4 Portionen Vorbereitung: 15 Min. Garzeit: 10–12 Min.

Zutaten

2 EL Pflanzenöl
2 Knoblauchzehen, zerdrückt
2 Selleriestangen, in dünnen Scheiben
1 Karotte, in dünnen Stiften
1 grüne Paprika, gewürfelt
100 g Zuckererbsen, diagonal halbiert
8 Babymaiskolben
120 g Bohnensprossen
500 g fester Tofu, abgespült, abgetropft und gewürfelt

Sauce

2 EL hellbrauner Zucker
2 EL Weinessig
250 ml Gemüsebrühe
1 TL Tomatenmark
1 EL Speisestärke

Zubereitung

1 Einen Wok vorheizen. Das Öl hineingießen und fast bis zum Rauchpunkt erhitzen. Die Hitze leicht reduzieren, dann Knoblauch, Sellerie, Karotte, Paprika, Zuckererbsen und Babymaiskolben darin 3–4 Minuten pfannenrühren.

2 Bohnensprossen und Tofu zugeben und 2 Minuten unter häufigem Rühren erhitzen.

3 Für die Sauce Zucker, Weinessig, Brühe, Tomatenmark und Speisestärke glatt rühren. Unter Rühren in den Wok gießen, aufkochen und unter ständigem Rühren einkochen lassen. Dann noch eine Minute köcheln lassen und sofort servieren.

GEMÜSE

Brokkoli mit Erdnüssen

Für 4 Portionen   Vorbereitung: 20 Min.   Garzeit: 30 Min.

Zutaten

3 EL Pflanzen- oder Erdnussöl

1 Zitronengrasstängel, grob gehackt

2 frische rote Chilis, entkernt und gehackt

2,5-cm-Stück Ingwerwurzel, gerieben

3 Kaffir-Limettenblätter, grob zerkleinert

3 EL grüne Thai-Currypaste

1 Zwiebel, gehackt

1 rote Paprika, gehackt

350 g Brokkoli, in Röschen zerteilt

120 g grüne Bohnen

50 g ungesalzene Erdnüsse

Zubereitung

1 2 Esslöffel Öl, Zitronengras, Chilis, Ingwer, Limettenblätter und Currypaste in eine Küchenmaschine oder einen Mixer geben und zu einer Paste verarbeiten.

2 Einen Wok auf mittlerer Stufe erhitzen und das restliche Öl hineingießen. Gewürzpaste, Zwiebel und Paprika dazugeben und 2–3 Minuten pfannenrühren, bis das Gemüse weich wird. Brokkoli und grüne Bohnen zufügen, den Wok abdecken und alles auf niedriger Stufe 4–5 Minuten garen, bis das Gemüse weich ist, dabei gelegentlich umrühren.

3 In der Zwischenzeit die Erdnüsse trocken rösten, sodass sie leicht gebräunt sind, zu der Brokkolimischung geben und gut unterrühren. Sofort servieren.

GEMÜSE

Auberginen mit Paprika

229

Für 4 Portionen   Vorbereitung: 10–15 Min.   Garzeit: 10 Min. plus Ruhezeit

Zutaten

3 EL Pflanzen- oder Erdnussöl

1 Knoblauchzehe, fein gehackt

3 Auberginen, längs halbiert und diagonal in 2,5 cm große Stücke geschnitten

1 TL Reisessig

1 rote Paprika, in dünne Streifen geschnitten

2 EL helle Sojasauce

1 TL Zucker

1 EL fein gehackte frische Korianderblätter, zum Garnieren

Zubereitung

1 Einen Wok auf hoher Stufe erhitzen. Das Öl hineingießen und heiß werden lassen, bis es fast raucht. Den Knoblauch darin schwenken, bis sich die Aromastoffe entfalten, dann die Auberginen zugeben und 30 Sekunden braten. Den Reisessig zufügen. Die Hitze reduzieren, den Wok abdecken und alles 5 Minuten kochen, dabei gelegentlich umrühren.

2 Sobald die Auberginenstücke weich sind, die Paprika in den Wok geben und pfannenrühren. Sojasauce und Zucker hinzufügen und ohne Deckel 2 Minuten garen.

3 Den Wok vom Herd nehmen und 2 Minuten ruhen lassen. Das Gemüse in eine vorgewärmte Servierschüssel geben, mit dem Koriander garnieren und sofort servieren.

Karotten-Orangen-Pfanne

Für 4 Portionen   Vorbereitung: 15 Min.   Garzeit: 10 Min.

Zutaten

2 EL Pflanzen- oder Erdnussöl

450 g Karotten, in dünne Stifte gehobelt

250 g Porree, in dünne Streifen geschnitten

2 Orangen, geschält und filetiert

2 EL Tomatenketchup

1 EL Rohrohrzucker

2 EL helle Sojasauce

100 g Erdnüsse, grob gehackt

Zubereitung

1 Das Öl in einem Wok erhitzen. Karotten und Lauch zugeben und 2–3 Minuten weich dünsten.

2 Die Orangenfilets zufügen und kurz pfannenrühren. Dabei darauf achten, dass die Orangenfilets nicht zerfallen.

3 Tomatenketchup, Zucker und Sojasauce in einer kleinen Schüssel verrühren und über die Karottenmischung gießen. Weitere 2 Minuten pfannenrühren.

4 Die Karotten-Orangen-Pfanne auf vorgewärmte Servierschalen verteilen, die gehackten Erdnüsse darübergeben und sofort servieren.

GEMÜSE

Japanische Nudeln mit Pilzen

Für 4 Portionen Vorbereitung: 15 Min. plus Einweichzeit Garzeit: 10–12 Min.

Zutaten

250 g japanische Ramen-Nudeln

2 EL Sonnenblumenöl

1 rote Zwiebel, in Ringe geschnitten

1 Knoblauchzehe, zerdrückt

500 g Mischpilze, z.B. Shiitake-Pilze, Austernpilze und braune Champignons

350 g Pak Choi

2 EL Mirin (japanische Würzsauce)

6 EL Sojasauce

4 Frühlingszwiebeln, in Ringe geschnitten

1 EL geröstete Sesamsaat

Zubereitung

1 Die Nudeln in eine große Schüssel geben, mit kochendem Wasser übergießen und 10 Minuten gar ziehen lassen oder nach Packungsanweisung zubereiten.

2 Einen großen Wok vorheizen. Das Öl hineingießen und erhitzen. Zwiebel und Knoblauch darin 2–3 Minuten pfannenrühren. Die Pilze zugeben und 5 Minuten garen. Die Nudeln gründlich abtropfen lassen und in den Wok geben.

3 Pak Choi, Mirin und Sojasauce in den Wok geben. Alle Zutaten vermengen und 2–3 Minuten pfannenrühren, bis die Flüssigkeit aufkocht. Die Nudeln mit den Pilzen in vorgewärmte Schalen geben, mit Frühlingszwiebeln und geröstetem Sesam bestreuen und sofort servieren.

Pak Choi mit Cashewkernen

Für 4 Portionen Vorbereitung: 15 Min. Garzeit: 15 Min.

Zutaten

2 EL Erdnussöl
2 rote Zwiebeln, in dünnen Spalten
175 g Rotkohl, fein gehobelt
250 g Pak Choi, grob zerzupft
2 EL Pflaumensauce
100 g Cashewkerne, geröstet

Zubereitung

1 Einen Wok vorheizen, das Öl hineingießen und erhitzen. Die Zwiebeln darin 5 Minuten goldbraun dünsten.

2 Den Rotkohl zugeben und 5 Minuten pfannenrühren.

3 Die Pak-Choi-Blätter zufügen und 2–3 Minuten pfannenrühren, bis die Blätter leicht zusammenfallen. Die Pflaumensauce darübergießen, verrühren und alles aufkochen.

4 Die Cashewkerne zugeben, verrühren und alles auf vorgewärmte Servierschalen verteilen. Sofort servieren.

Variation

Für ein herzhafteres Aroma ersetzen Sie die Pflaumensauce durch Austernsauce.

Eiernudeln mit Tofu & Pilzen

Für 4 Portionen   Vorbereitung: 10–15 Min.   Garzeit: 20 Min.

Zutaten

3 EL Erdnussöl

2 getrocknete rote Chilis

250 g Eiernudeln

1 Knoblauchzehe, zerdrückt

200 g fester Tofu, in 1 cm große Würfel geschnitten

200 g Austernpilze oder braune Champignons, in Scheiben geschnitten

2 EL Limettensaft

2 EL Sojasauce

1 TL brauner Zucker

frische rote Chiliringe, zum Garnieren

Zubereitung

1 Das Öl in einem Wok erhitzen und die Chilis darin 10 Minuten sanft erhitzen, dann aus dem Wok nehmen.

2 Die Nudeln in kochendem Wasser 4 Minuten gar kochen oder nach Packungsangaben zubereiten. Gut abtropfen lassen.

3 Knoblauch und Tofu in den Wok geben und bei starker Hitze goldbraun braten. Mit einem Schaumlöffel herausnehmen und warm halten.

4 Die Pilze zufügen und 2–3 Minuten unter Rühren weich garen.

5 Limettensaft, Sojasauce und Zucker unterrühren.

6 Nudeln und Tofumischung in den Wok geben und sorgfältig untermengen.

7 Mit frischen Chiliringen garnieren und sofort servieren.

Gebratene Aubergine scharfsauer

Für 4 Portionen Vorbereitung: 15–20 Min. Garzeit: 10–12 Min.

Zutaten

150 ml Gemüsebrühe

2 Auberginen

6 EL Erdnussöl

2 rote Paprika, in dünne Streifen geschnitten

100 g Wasserkastanien aus der Dose, abgetropft und in Scheiben geschnitten

6 Frühlingszwiebeln, in Ringe geschnitten

2 TL fein gehackte Ingwerwurzel

1 große Knoblauchzehe, in dünne Scheiben geschnitten

1 frischer grüner Chili, entkernt und fein gehackt

1 TL Sesamsaat und in dünne Ringe geschnittene Frühlingszwiebelspitzen, zum Garnieren

Sauce

1½ EL Sojasauce

1½ EL Reisessig

2 TL Zucker

2 TL Speisestärke, mit etwas Wasser zu einer glatten Paste verrührt

Zubereitung

1. Für die Sauce Sojasauce, Reisessig und Zucker in eine kleine Schüssel geben und so lange verrühren, bis sich der Zucker aufgelöst hat. Zuletzt die Speisestärkepaste zufügen und alles glatt rühren.

2. Die Brühe erhitzen und beiseitestellen. Die Auberginen längs halbieren, die flache Seite nach unten legen und jede Hälfte längs in 1 cm lange Streifen schneiden. Die breiteren Streifen noch einmal längs halbieren, dann alle Streifen quer in 4 cm große Stücke schneiden.

3. Einen Wok auf hoher Stufe erhitzen und 5 Esslöffel Öl hineingießen. Auberginen- und Paprikastreifen dazugeben und 2–3 Minuten pfannenrühren, bis sie leicht gebräunt sind. Aus dem Wok nehmen und auf Küchenpapier abtropfen lassen. Den restlichen Esslöffel Öl in den Wok gießen und heiß werden lassen. Wasserkastanien, Frühlingszwiebeln, Ingwer, Knoblauch und Chili 1 Minute darin braten.

4. Auberginen und Paprika wieder in den Wok geben. Die Hitze auf mittlere Stufe reduzieren, dann Saucenmischung und warme Brühe zugießen. 2–3 Minuten pfannenrühren, bis alles leicht eingedickt ist. Mit Sesamsaat und Frühlingszwiebelringen bestreuen und sofort servieren.

GEMÜSE

Gemüse-Mix auf Sichuan-Art

Für 4 Portionen   Vorbereitung: 15 Min.   Garzeit: 10 Min.

Zutaten

2 EL Chiliöl
4 Knoblauchzehen, zerdrückt
5-cm-Stück Ingwerwurzel, gerieben
250 g Karotten, in dünnen Stiften
1 rote Paprika, in dünnen Streifen
150 g Shiitake-Pilze, in Scheiben
150 g Zuckererbsen, diagonal halbiert
3 EL Sojasauce
3 EL Erdnussbutter
350 g Bohnensprossen
frisch gekochter Reis, zum Servieren

Zubereitung

1 Einen Wok vorheizen. Das Chiliöl hineingießen und erhitzen. Knoblauch, Ingwer und Karotten darin 3 Minuten braten. Die Paprika zufügen und 2 Minuten pfannenrühren.

2 Pilze und Zuckererbsen zugeben und 1 weitere Minute pfannenrühren.

3 Sojasauce und Erdnussbutter in einer kleinen Schüssel zu einer glatten Sauce rühren.

4 Mit einem Holzlöffel in der Mitte des Woks einen Freiraum schaffen, die Sauce dort hineingießen und unter Rühren zum Kochen bringen, bis sie beginnt einzudicken. Die Bohnensprossen unterrühren und gut mit der Sauce überziehen.

5 Alles in eine angewärmte Servierschüssel füllen und sofort mit frisch gekochtem Reis servieren.

GEMÜSE

Pfannengerührter Kohl mit Walnüssen

Für 4 Portionen Vorbereitung: 15 Min. Garzeit: 12–13 Min.

Zutaten

4 EL Erdnussöl

1 EL Walnussöl

2 Knoblauchzehen, zerdrückt

350 g Weißkohl, fein gehobelt

350 g Rotkohl, fein gehobelt

8 Frühlingszwiebeln, in Stücken

250 g fester Tofu, gewürfelt

2 EL Zitronensaft

100 g Walnusskerne, halbiert

2 TL Dijon-Senf

2 TL Mohnsamen

Salz und Pfeffer

Zubereitung

1 Einen Wok vorheizen. Beide Öle hineingießen und erhitzen. Knoblauch, Kohl, Frühlingszwiebeln und Tofu in den Wok geben und etwa 5 Minuten pfannenrühren.

2 Zitronensaft, Walnüsse und Senf zugeben und verrühren.

3 Mit Salz und Pfeffer würzen und weitere 5 Minuten garen, bis der Kohl weich ist.

4 In eine vorgewärmte Servierschüssel füllen, mit dem Mohn bestreuen und sofort servieren.

GEMÜSE

Asiatisches Gemüse mit gelber Bohnensauce

Für 4 Portionen Vorbereitung: 15–20 Min. plus Ziehzeit Garzeit: 10 Min.

Zutaten

1 Aubergine

2 EL Pflanzenöl

3 Knoblauchzehen, zerdrückt

4 Frühlingszwiebeln, gehackt

1 kleine rote Paprika, in dünnen Streifen

4 Babymaiskolben, längs halbiert

120 g Zuckererbsen

200 g grüner Pak Choi, grob geraspelt

425 g Strohpilze aus der Dose, abgetropft

120 g frische Bohnensprossen

2 EL chinesischer Reiswein oder trockener Sherry

2 EL gelbe Bohnensauce

2 EL dunkle Sojasauce

1 TL Chilisauce

1 TL Zucker

150 ml Gemüsebrühe

1 TL Speisestärke

2 TL Wasser

Salz

Zubereitung

1 Die Aubergine in 5 cm lange, dünne Stifte schneiden. In ein Sieb geben, dann mit Salz bestreuen und 30 Minuten ziehen lassen. Unter kaltem Wasser abspülen und sorgfältig mit Küchenpapier trocken tupfen.

2 Einen Wok auf mittlerer Stufe erhitzen und das Öl hineingießen. Knoblauch, Frühlingszwiebeln und Paprika dazugeben und auf hoher Stufe 1 Minute pfannenrühren. Die Auberginenstifte hineinrühren und 1 Minute braten, bis sie weich sind.

3 Babymaiskolben und Zuckererbsen zufügen und 1 Minute pfannenrühren. Pak Choi, Pilze und Bohnensprossen in den Wok geben und 30 Sekunden braten.

4 Reiswein, gelbe Bohnensauce, Sojasauce, Chilisauce und Zucker in einer Schüssel gut vermischen. Zusammen mit der Brühe in den Wok geben und unter ständigem Rühren aufkochen.

5 Die Speisestärke mit dem Wasser zu einer glatten Paste verrühren und rasch in den Wok rühren. Alles 1 weitere Minute kochen und das Gericht sofort servieren.

GEMÜSE

Kürbisgemüse

Für 2 Portionen   Vorbereitung: 25 Min.   Garzeit: 20–30 Min.

Zutaten

1 Butternusskürbis (ca. 500 g)
6 große Shiitake-Pilze
5 EL Rapsöl
½ TL zerstoßene weiße Pfefferkörner
½ TL zerstoßene Koriandersamen
Meersalzflocken
2 große Knoblauchzehen, in feinen Scheiben
fein abgeriebene Schale von ½ Zitrone
½ EL Reisessig
4 EL Hühner- oder Gemüsebrühe
2 große Handvoll Babyspinat
frisch gehackter Koriander, zum Garnieren

Zubereitung

1 Den Kürbis der Länge nach halbieren und die Hälften schälen. Den rundlichen Teil vierteln. Kerne und Fasern herauslösen und das Kürbisfleisch in feine Scheiben schneiden. Den oberen Teil längs halbieren, dann quer in Scheiben schneiden. Die Pilzstiele entfernen und die Kappen in feine Streifen schneiden.

2 Einen Wok auf mittlerer bis starker Stufe vorheizen. Das Öl hineingießen und erhitzen. Die Hälfte von Pfeffer und Koriander hineingeben und einige Sekunden pfannenrühren, dann den Kürbis in kleinen Portionen dazugeben und 5–7 Minuten braten, dabei vorsichtig mit einer Küchenzange wenden, bis die Scheiben leicht gebräunt und gar sind. Mit Meersalz bestreuen. Mit einem Schaumlöffel herausnehmen und in ein großes Sieb über einer Schüssel geben, um das Öl aufzufangen.

3 Die Pilze in etwas Kürbisbratöl im Wok 4–5 Minuten unter Rühren braten. Knoblauch und Zitronenschale dazugeben und 1 Minute pfannenrühren. Mit Meersalzflocken bestreuen. Restlichen Pfeffer und Koriander unterheben. Mit dem Kürbis mischen.

4 Das restliche Kürbisbratöl in den Wok geben. Essig und Brühe dazugeben und einige Sekunden köcheln lassen, bis die Sauce leicht reduziert ist.

5 Den Spinat auf vorgewärmte Servierteller verteilen. Das Kürbisgemüse darauf anrichten und mit der Sauce aus dem Wok beträufeln. Mit Koriander bestreuen und sofort servieren.

GEMÜSE

Blumenkohl mit Bohnen & Cashewkernen

Für 2 Portionen   Vorbereitung: 10–15 Min.   Garzeit: 10–14 Min.

Zutaten

2 EL Pflanzen- oder Erdnussöl

1 EL Chiliöl

1 Zwiebel, gehackt

2 Knoblauchzehen, gehackt

2 EL rote Currypaste

1 kleiner Blumenkohl, in Röschen zerteilt

175 g Stangenbohnen, in 7,5 cm lange Stücke geschnitten

150 ml Gemüsebrühe

2 EL thailändische Sojasauce

50 g geröstete Cashewkerne, zum Garnieren

Zubereitung

1 Pflanzenöl und Chiliöl in einem Wok erhitzen. Zwiebel und Knoblauch hineingeben und braten, bis sie weich sind. Die Currypaste zufügen und 1–2 Minuten braten.

2 Blumenkohl und Bohnen dazugeben und 3–4 Minuten pfannenrühren, bis sie weich sind. Gemüsebrühe und Sojasauce zugießen und 1–2 Minuten köcheln lassen. Mit den Cashewkernen garnieren und sofort servieren.

GEMÜSE

Gebratener Brokkoli mit Zuckererbsen

Für 4 Portionen   Vorbereitung: 10–15 Min.   Garzeit: 7 Min.

Zutaten

2 EL Pflanzen- oder Erdnussöl
1 Spritzer Sesamöl
1 Knoblauchzehe, fein gehackt
250 g Brokkoli, in Röschen
120 g Zuckererbsen
250 g Chinakohl, in 1 cm breiten Streifen
5–6 Frühlingszwiebeln, fein gehackt
½ TL Salz
2 EL helle Sojasauce
1 EL chinesischer Reiswein
1 TL leicht geröstete Sesamsaat

Zubereitung

1 Einen Wok vorheizen. Die Öle hineingießen und erhitzen. Den Knoblauch darin unter schnellem Rühren anbraten. Das Gemüse mit dem Salz in den Wok geben und bei starker Hitze etwa 3 Minuten pfannenrühren.

2 Sojasauce und Reiswein zugießen und alles 2 Minuten garen. Mit dem Sesam bestreuen und sofort servieren.

Gebratener Tofu

Für 4 Portionen   Vorbereitung: 10–15 Min.   Garzeit: 10–15 Min.

Zutaten

2 EL Sonnenblumenöl
350 g fester Tofu, gewürfelt
225 g Pak Choi, grob gehackt
1 Knoblauchzehe, gehackt
4 EL süße Chilisauce
2 EL helle Sojasauce

Zubereitung

1. Einen Wok auf hoher Stufe erhitzen und 1 Esslöffel Öl hineingießen. Den Tofu portionsweise in den Wok geben und 2–3 Minuten braten, bis er goldbraun ist. Herausnehmen und beiseitestellen.

2. Den Pak Choi in den Wok geben und einige Sekunden braten, bis er zart ist und die Blätter leicht gebräunt sind. Herausnehmen und beiseitestellen.

3. Das restliche Öl im Wok erhitzen, den Knoblauch hinzufügen und 30 Sekunden braten.

4. Chilisauce und Sojasauce einrühren und aufkochen. Tofu und Pak Choi zurück in den Wok geben und gut vermischen, bis alles mit der Sauce überzogen ist. Sofort servieren.

GEMÜSE

Thailändischer Nudelsalat

Für 4 Portionen   Vorbereitung: 15 Min. plus Einweichzeit   Garzeit: 30 Min.

Zutaten

200 g getrocknete Reis-Vermicelli
2 EL Erdnussöl
1 rote Zwiebel, in feine Streifen geschnitten
2 Karotten, in feine Stifte geschnitten
125 g Babymaiskolben, längs halbiert
1 Knoblauchzehe, zerdrückt
150 g Bohnensprossen
2 EL Fischsauce
Saft von ½ Limette
1 TL Zucker
½ TL getrocknete Chiliflocken
4 EL frisch gehackter Koriander
4 Frühlingszwiebeln, in feine Ringe geschnitten
40 g Erdnüsse, geröstet
Limettenspalten, zum Servieren

Zubereitung

1 Die Nudeln 10 Minuten in heißem Wasser einweichen oder nach Packungsangaben zubereiten. Gut abtropfen lassen und beiseitestellen.

2 Das Öl in einem Wok erhitzen und die Zwiebel darin 1 Minute unter Rühren anbraten. Karotten und Mais zugeben und 2 Minuten pfannenrühren. Den Knoblauch untermischen und den Wok vom Herd nehmen.

3 Die Bohnensprossen einrühren. Das Gemüse in eine Servierschüssel füllen und die Nudeln sorgfältig unterheben.

4 Fischsauce, Limettensaft, Zucker, Chiliflocken und die Hälfte des Korianders in einer Schüssel verrühren, über die Gemüse-Nudel-Mischung geben und sorgfältig unterheben.

5 Den Salat in Servierschalen füllen. Mit Frühlingszwiebeln, Erdnüssen und dem restlichen Koriander bestreuen. Sofort heiß mit Limettenspalten servieren.

GEMÜSE

Pilze mit grünen Bohnen, Zitrone & Koriander

Für 2 Portionen Vorbereitung: 15 Min. Garzeit: 10 Min.

Zutaten

450 g kleine gemischte Pilze, z. B. Champignons, Enoki- und Shimeji-Pilze

6 EL Rapsöl

1 TL Koriandersamen, zerstoßen

1 frisches Lorbeerblatt

175 g grüne Bohnen

1 große Knoblauchzehe, in dünne Scheiben geschnitten

3 EL Zitronensaft

2 TL Sojasauce

2 EL frisch gehackter Koriander

2 TL Sesamöl

2 TL Sesamsaat

Salz und Pfeffer

Zubereitung

1 Die Pilze abspülen und mit Küchenpapier trocken tupfen. Wenn Pilze verwendet werden, die wie Enoki und Shimeji in Gruppen wachsen, die Wurzeln abschneiden und die Pilze voneinander trennen. Die Champignons halbieren.

2 Einen Wok auf mittlerer Stufe erhitzen und das Öl hineingießen. Koriandersamen und Lorbeerblatt zufügen und einige Sekunden braten, um das Öl zu aromatisieren. Pilze und Bohnen dazugeben und 5 Minuten pfannenrühren.

3 Knoblauch, Zitronensaft und Sojasauce in den Wok geben, mit Salz und Pfeffer würzen und 2 Minuten braten. Gehackten Koriander, Sesamöl und Sesamsaat darüberstreuen und einige Sekunden braten. Das Lorbeerblatt herausnehmen und das Gericht sofort servieren.

Variation

Für eine andere Geschmacksnote fügen Sie in Schritt 3 Schwarze-Bohnen-Sauce hinzu.

REGISTER

Aubergine
- Asiatisches Gemüse mit gelber Bohnensauce 242
- Aubergine mit Miso 29
- Auberginen mit Paprika 229
- Gebratene Aubergine scharfsauer 236
- Schweinefleisch à la Sichuan mit Auberginen 66

Bohnen
- Grüne Bohnen mit roter Paprika 19
- Pikante grüne Bohnen 31
- Blumenkohl mit Bohnen & Cashewkernen 246
- Schweinefleisch mit grünen Bohnen & Erdnüssen 84
- Krebs mit Chili, Pak Choi & schwarzen Bohnen 164
- Pilze mit grünen Bohnen, Zitrone & Koriander 252

Bohnensprossen
- Frühlingsrollen mit Gemüse 12
- Gebratene Bohnensprossen 18
- Gebratener Tofu mit Bohnensprossen 210
- Japanische Rindfleischsuppe 50
- Süßsaurer Tofu mit Gemüse 226
- Thailändischer Nudelsalat 250
- Udon-Nudeln mit Pilzen & Ingwer 182

Brokkoli
- Austernpilze mit Gemüse in Chili-Erdnuss-Sauce 218
- Brokkoli mit Erdnüssen 228
- Brokkoli mit Sesam 30
- Bunter Gemüsesalat mit Tofu 216
- Gebratene Pute mit Gemüse 134
- Gebratener Brokkoli mit Zuckererbsen 247
- Ingwerhuhn mit Sesam 132
- Mariniertes Rindfleisch mit Gemüse 70
- Scharfsaurer Gemüsesalat 42
- Seeteufel mit Brokkoli auf thailändische Art 172
- Tintenfischringe & Garnelen mit Ingwer 176

Cashewkerne
- Blumenkohl mit Bohnen & Cashewkernen 246
- Garnelen mit Zuckererbsen & Cashewkernen 181
- Hähnchen mit Cashewkernen 144
- Pak Choi mit Cashewkernen 232
- Pute mit Hoisin-Sauce & Cashewkernen 126
- Schweinefleisch mit Limetten & Cashewkernen 74

Ente
- Ente mit Chili & frittierten Schalotten 114
- Ente mit Erbsen 140
- Ente mit Mais & Ananas 154

Erdnüsse
- Brokkoli mit Erdnüssen 228
- Garnelennudeln 170
- Gemüse-Mix auf Sichuan-Art 238
- Hähnchen mit Pistazien 108
- Lamm mit Saté-Sauce 28
- Lammpfanne mit Nudeln & Erdnüssen 80
- Schweinefleisch-Gurken-Salat 16
- Schweinefleisch mit grünen Bohnen & Erdnüssen 84

Fisch
- Chilis mit Fisch-Ingwer-Füllung 38
- Gebratene Reisnudeln mit mariniertem Fisch 202
- Gebratener Fisch mit Pinienkernen 178
- Gebratener Thunfisch auf Salatbett 162
- Makrele mit Ingwer 204
- Scharfe Meeresfrüchtepfanne 194
- Seeteufel aus dem Wok 196
- Seeteufel mit Brokkoli auf thailändische Art 172
- Seeteufel mit Okra auf indische Art 184
- Thunfischsteaks mit Fünf-Gewürze-Pulver 174
- Wolfsbarsch mit Gemüse 190

Hühnchen
- Gebratener Reis mit Huhn 118
- Gebratenes Huhn mit fünf Gewürzen 112
- Gebratenes Paprikahuhn 122
- Glasierte Hähnchenflügel nach asiatischer Art 40
- Hähnchen Chow Mein 110
- Hähnchen mit Cashewkernen 144
- Hähnchen mit Pistazien 108
- Hähnchen mit Shiitake-Pilzen 147
- Hähnchen-Pilz-Pfanne 129
- Hähnchen süßsauer 152
- Hühnchen mit Gemüse & Korianderreis 128
- Hühnersuppe mit Nudeln 54
- Ingwerhühnchen mit Nudeln 119
- Ingwerhuhn mit Sesam 132
- San Choi Bao 131
- Sieben-Gewürze-Huhn mit Zucchini 136
- Warmer Hähnchen-Gemüse-Salat 150

Kohl
- Blumenkohl mit Bohnen & Cashewkernen 246
- Gebratenes Rindfleisch nach koreanischer Art 82
- Grünes Wokgemüse 222
- Grünkohlpfanne 208
- Knuspriger „Seetang" 32
- Pfannengerührter Kohl mit Walnüssen 240
- Rindfleisch mit Miso, Kohl & Enoki-Pilzen 100
- Schweinebauch auf Chinakohl 36
- *siehe auch* Pak Choi

Lammfleisch
- Gebratenes Lamm mit Orangen 90
- Gebratenes Lamm mit Porree 76
- Lamm mit Limettenblättern 64
- Lamm mit Saté-Sauce 28
- Lamm mit Schwarzer-Bohnen-Sauce 102
- Lammpfanne mit Nudeln & Erdnüssen 80
- Lammpfanne mit Zuckererbsen & Spinat 97

Meeresfrüchte
- Bratreis mit Meeresfrüchten 169
- Chiligarnelen mit Knoblauchnudeln 186
- Frische Krebse mit Ingwer 197
- Garnelenhäppchen 10
- Garnelen mit Ingwer & Austernpilzen 200
- Garnelen mit Zuckererbsen & Cashewkernen 181
- Garnelennudeln 170
- Gebratene Garnelen mit Pak Choi 160
- Gebratene Jakobsmuscheln 168
- Gebratener Eierreis mit Garnelen & Paprika 166
- Jakobsmuscheln in Schwarzer-Bohnen-Sauce 179
- Krebs mit Chili, Pak Choi & schwarzen Bohnen 164
- Miesmuscheln in Zitronengrassud 158
- Nasi Goreng 146
- Riesengarnelen in scharfer Sauce 46
- Scharfe Meeresfrüchtepfanne 194
- Sesamnudeln mit Garnelen 192
- Tintenfisch mit Bohnensauce 198
- Tintenfisch mit Ingwerstreifen 188
- Tintenfischringe & Garnelen mit Ingwer 176
- Venusmuscheln in Schwarzer-Bohnen-Sauce 180
- Wantans mit Krebsfleischfüllung 20

Nudeln
- Eiernudeln mit Tofu & Pilzen 234
- Fleisch-Gemüse-Brühe 48
- Garnelennudeln 170
- Gebratene Reisnudeln mit mariniertem

Fisch 202
Hähnchen Chow Mein 110
Hühnersuppe mit Nudeln 54
Ingwerhühnchen mit Nudeln 119
Japanische Nudeln mit Pilzen 231
Lammpfanne mit Nudeln & Erdnüssen 80
Nudeln mit Pak Choi in Austernsauce 212
Nudeln mit Schweinefleisch in
 Pflaumensauce 104
Scharfer Sichuan-Rindfleisch-Salat 98
Schweinefilet mit Paprikanudeln 96
Schweinefleisch mit Knoblauchnudeln 58
Sesamnudeln mit Garnelen 192
Sichuan-Nudeln 224
Thailändischer Nudelsalat 250
Udon-Nudeln mit Pilzen & Ingwer 182

Pak Choi
 Asiatisches Gemüse mit gelber
  Bohnensauce 242
 Gebratene Garnelen mit Pak Choi 160
 Gebratene Pute mit Gemüse 134
 Gebratenes Rindfleisch mit Pak Choi 62
 Gebratener Tofu 248
 Krebs mit Chili, Pak Choi & schwarzen
  Bohnen 164
 Nudeln mit Pak Choi in Austernsauce 212
 Pak Choi mit Cashewkernen 232
 Rindfleisch & Pak Choi aus dem Wok 79
 Schweinefleischbällchen in Zitronengras-
  Chili-Brühe 44
 Sichuan-Nudeln 224
 Thunfischsteaks mit Fünf-Gewürze-Pulver
  174
Pilze
 Austernpilze mit Gemüse in Chili-Erdnuss-
  Sauce 218
 Eiernudeln mit Tofu & Pilzen 234
 Garnelen mit Ingwer & Austernpilzen
  200
 Gemischtes Gemüse mit Basilikum 220
 Gemüse-Mix auf Sichuan-Art 238
 Gemüse-Tempura 34
 Hähnchen mit Shiitake-Pilzen 147
 Hähnchen-Pilz-Pfanne 129
 Japanische Nudeln mit Pilzen 231
 Kürbisgemüse 244
 Pilze mit grünen Bohnen, Zitrone &
  Koriander 252
 Putenbrust mit Pilzen & Zucchini 124
 Tom-Yum-Suppe scharfsauer 52
 Udon-Nudeln mit Pilzen & Ingwer 182
Porree
 Gebratenes Lamm mit Porree 76
 Ingwerhuhn mit Sesam 132
 Karotten-Orangen-Pfanne 230

Rindfleisch mit Paprika & Porree 92
Udon-Nudeln mit Pilzen & Ingwer 182
Putenfleisch
 Gebratene Pute mit Gemüse 134
 Knusprig-scharfes Putenfleisch 148
 Nasi Goreng 146
 Pikante Putenbruststreifen 130
 Pute auf asiatische Art mit Kaffeeglasur
  142
 Pute mit Cranberry-Sauce 120
 Pute mit Hoisin-Sauce & Cashewkernen
  126
 Putenbrust mit Pilzen & Zucchini 124
 Puten-Teriyaki 138
 Zitronenpute mit Spinat 116
Reis
 Bratreis mit grünem Gemüse 214
 Bratreis mit Meeresfrüchten 169
 Gebratener Eierreis 8
 Gebratener Eierreis mit Garnelen &
  Paprika 166
 Gebratener Reis mit Huhn 118
 Gebratener Reis mit Rindfleisch 14
 Nasi Goreng 146
Rindfleisch
 Gebratener Reis mit Rindfleisch 14
 Gebratenes Rindfleisch mit Pak Choi 62
 Gebratenes Rindfleisch nach koreanischer
  Art 82
 Japanische Rindfleischsuppe 50
 Mariniertes Rindfleisch mit Gemüse 70
 Pikantes Sesam-Rindfleisch 68
 Rindfleisch Chop Suey 86
 Rindfleisch in Schwarzer-Bohnen-Sauce 72
 Rindfleisch mit Ingwer & Paprika 81
 Rindfleisch mit Miso, Kohl & Enoki-Pilzen
  100
 Rindfleisch mit Paprika & Porree 92
 Rindfleisch mit Pfeffer & Limette 78
 Rindfleisch & Pak Choi aus dem Wok 79
 Scharfer Sichuan-Rindfleisch-Salat 98
 Vietnamesischer Rindfleischsalat 88
Schweinefleisch
 Fleisch-Gemüse-Brühe 48
 Gebratenes Schweinefleisch à la Sichuan 69
 Hackfleischspieße mit süßer Chilisauce 47
 Nudeln mit Schweinefleisch in
  Pflaumensauce 104
 Schweinebauch auf Chinakohl 36
 Schweinefilet mit Paprikanudeln 96
 Schweinefleisch à la Sichuan mit
  Auberginen 66
 Schweinefleisch auf japanische Art 94
 Schweinefleischbällchen in Zitronengras-

Chili-Brühe 44
Schweinefleisch-Gurken-Salat 16
Schweinefleisch mit grünen Bohnen &
 Erdnüssen 84
Schweinefleisch mit Knoblauchnudeln 58
Schweinefleisch mit Limetten &
 Cashewkernen 74
Schweinefleisch süßsauer 60
Spareribs in süßsaurer Sauce 22
Zweifach gebratene Spareribs 24
Spinat
 Japanische Rindfleischsuppe 50
 Kürbisgemüse 244
 Lammpfanne mit Zuckererbsen & Spinat
  97
 Mariniertes Rindfleisch mit Gemüse 70
 Würziges vegetarisches Allerlei 219
 Zitronenpute mit Spinat 116
Tofu
 Bunter Gemüsesalat mit Tofu 216
 Eiernudeln mit Tofu & Pilzen 234
 Frühlingsrollen mit Gemüse 12
 Gebratener Tofu 248
 Gebratener Tofu mit Bohnensprossen 210
 Pfannengerührter Kohl mit Walnüssen 240
 Süßsaurer Tofu mit Gemüse 226
 Tom-Yum-Suppe scharfsauer 52
Zucchini
 Austernpilze mit Gemüse in Chili-Erdnuss-
  Sauce 218
 Bratreis mit grünem Gemüse 214
 Bunter Gemüsesalat mit Tofu 216
 Putenbrust mit Pilzen & Zucchini 124
 Sieben-Gewürze-Huhn mit Zucchini 136
 Zucchini scharfsauer 26
Zuckererbsen
 Asiatisches Gemüse mit gelber
  Bohnensauce 242
 Chiligarnelen mit Knoblauchnudeln 186
 Garnelen mit Zuckererbsen &
  Cashewkernen 181
 Gebratener Brokkoli mit Zuckererbsen
  247
 Gebratenes Paprikahuhn 122
 Gemischtes Gemüse mit Basilikum 220
 Gemüse-Mix auf Sichuan-Art 238
 Hühnchen mit Gemüse & Korianderreis
  128
 Lammpfanne mit Zuckererbsen & Spinat
  97
 Mariniertes Rindfleisch mit Gemüse 70
 Rindfleisch Chop Suey 86
 Scharfsaurer Gemüsesalat 42
 Süßsaurer Tofu mit Gemüse 226

This edition published by Parragon Books Ltd

Parragon Books Ltd
Chartist House
15–17 Trim Street
Bath BA1 1HA, UK
www.parragon.com

Copyright © Parragon Books Ltd

Alle Rechte vorbehalten. Die vollständige oder auszugsweise Speicherung, Vervielfältigung oder Übertragung dieses Werkes, ob elektronisch, mechanisch, durch Fotokopie oder Aufzeichnung, ist ohne vorherige Genehmigung des Rechteinhabers urheberrechtlich untersagt.

Copyright © für die deutsche Ausgabe
Parragon Books Ltd
Chartist House
15–17 Trim Street
Bath, BA1 1HA UK
www.parragon.com

Realisation der deutschen Ausgabe:
trans texas publishing services GmbH, Köln
Übersetzung: Wiebke Krabbe, Damlos; u.a.

ISBN 978-1-4748-0385-4
Printed in China

HINWEIS
Sind Zutaten in Löffeln angegeben, ist immer ein gestrichener Löffel gemeint: Ein Teelöffel entspricht 5 ml, ein Esslöffel 15 ml. Sofern nicht anders angegeben, wird Vollmilch (3,5 % Fett) verwendet. Eier und einzelne Gemüsestücke sind von mittlerer Größe. Pfeffer wird grundsätzlich frisch gemahlen verwendet. Wurzelgemüse sollte vor der Weiterverarbeitung
geschält werden.

Garnierungen, Dekorationen und Serviervorschläge sind kein fester Bestandteil der Rezepte und daher nicht unbedingt in der Zutatenliste oder Zubereitung aufgeführt. Die angegebenen Zeiten können von den tatsächlichen abweichen, da je nach Zubereitungsmethode und vorhandenem Herdtyp Schwankungen auftreten.

Kinder, ältere Menschen, Schwangere, Kranke und Rekonvaleszenten sollten auf Gerichte mit rohen oder nur leicht gegarten Eiern verzichten. Schwangere und stillende Frauen sollten den Verzehr von Erdnüssen oder erdnusshaltigen Zubereitungen vermeiden. Allergiker sollten bedenken, dass in allen in diesem Buch verwendeten Fertigprodukten Spuren von Nüssen enthalten sein könnten. Bitte lesen Sie in jedem Fall zuvor die Verpackungsangaben.